吉林外国语大学学术著作出版基金资助出版

中国书籍学术之光文库

日语授受句研究
基于构式语法

李 淼 | 著

中国书籍出版社
China Book Press

图书在版编目（CIP）数据

日语授受句研究：基于构式语法/李淼著．—北京：中国书籍出版社，2019.12

ISBN 978-7-5068-7796-1

Ⅰ.①日…　Ⅱ.①李…　Ⅲ.①日语—语法—研究
Ⅳ.①H364

中国版本图书馆CIP数据核字（2020）第008195号

日语授受句研究：基于构式语法

李　淼　著

责任编辑　李国永

责任印制　孙马飞　马　芝

封面设计　中联华文

出版发行　中国书籍出版社

地　　址　北京市丰台区三路居路97号（邮编：100073）

电　　话　（010）52257143（总编室）　（010）52257140（发行部）

电子邮箱　eo@chinabp.com.cn

经　　销　全国新华书店

印　　刷　三河市华东印刷有限公司

开　　本　710毫米×1000毫米　1/16

字　　数　186千字

印　　张　15.5

版　　次　2019年12月第1版　2019年12月第1次印刷

书　　号　ISBN 978-7-5068-7796-1

定　　价　85.00元

内容摘要

授受表达形式是典型的日语表达方式之一，一直是日语语法研究的重点。传统研究的主要方法是通过分析词汇的功能或句法规则来获得有关句法的相关信息。但是，语言表达形式的运用是一个复杂的问题，受到多种因素的影响，句式的句法－语义特征很可能不是单纯由词汇语义规则自然推导出来的，而是由表达形式的句法－语义的一致关系决定的。句法－语义的配对体就是所谓的构式。从构式所表示的独立意义来分析构式内部词语之间的语法关系与语义关系，有助于解释一些以前难以解释的语法现象，有助于进一步探索影响句子意义的因素，有助于说明各种不同句式产生的理据，从而有助于把语言研究引向深入。本书基于构式语法的基本理论，以日语的授受构式为研究对象，分析授受构式的认知体验及原型意义，讨论授受构式的语义扩展模式，分析授受补助动词构式中不同表达形式的原型与扩展关系，以期对日语授受构式作出一个较为全面的分析，解决一些现有研究难以解释或未曾解释的难点。

日语授受独立动词构式是对传递事件的感知体验和概念化加工，授受独立动词构式的原型意义是物的传递和恩惠。授受构式的扩展主要经历了两个不同层次的扩展。授受独立动词构式扩展为授受补助动词构式，构式的意义从物体的传递扩展为事件的传递。授受补助动词构式的原型用法来自授受独立动词构式，也突显物的传递和恩惠义。以原型用法为基础，授受补助动词构式继续扩展。传递义和恩惠义单独或同时扩展，可表现为四种典型的授受补助动词构式。它们分别是：物的传递恩惠型授受补助动词构式、非物的传递恩惠型授受补助动词构式、物的传递非恩惠型授受补助动词构式、非物的传递非恩惠型授受补助动词构式。

物的传递恩惠型授受补助动词构式向非物的传递恩惠型授受补助动词扩展时的认知机制是隐喻，非物的传递恩惠型授受补助动词构式传承了物的传递恩惠型授受补助动词构式的恩惠义。在非物的传递恩惠型授受补助动词构式的基础上，恩惠义扩展为非恩惠义，从而扩展为非物的传递非恩惠型授受补助动词构式，这一构式传承了非物的传递恩惠型授受补助动词构式中的非物的传递（即行为的传递）这一语义。物的传递非恩惠型授受补助动词构式则是由物的传递恩惠型授受补助动词构式扩展而来，构式传承了物的传递恩惠型授受补助动词构式中的物的传递这一语义。物的传递非恩惠型授受补助动词构式和非物的传递非恩惠型授受补助动词构式都突显非恩惠义，非恩惠义的产生是词汇压制构式的结果。

授受独立动词构式的原型用法与“I”模式的认知模式密切相关，认知主体的观察角度和对基体－侧面的突显方式不同，使得ヤル、クレル、モラウ构式分别突显了传递事件的不同方面。其中，モラウ构式具有使役性与被动性的认知动因是构式以接受者获物这一结果来转喻整个传递事件。当句子突显接受者获物这一结果时，モラウ构式具有被动性；当句子突显接受者作用于给予者使之给物的过程时，モラウ构式具有使役性。ヤル、クレル、モラウ构式的原型用法基本一致，但是论元角色的扩展用法中，ヤル和クレル构式、ヤル和モラウ构式之间出现了不对称的现象。造成这一现象的原因是构式压制词汇。

具体表达形式的语义是动词与构式整合后体现出来的。动词与物的传递恩惠型授受补助动词构式的整合方式分别是角色对应、角色误配。角色误配又可分为角色的侧重误配和角色数量误配。按照动词与构式的整合方式，可将能够整合进入这一构式的动词分为显性传递类动词、潜性传递类动词、零传递类动词。动词与非物的传递恩惠型授受补助动词构式的整合方式是角色的侧重误配和角色数量误配。按照动词与构式的整合方式可知，非物的传递恩惠型テヤル、テクレル的受益者论元的表现形式主要有两种情况：一类是动词的参与者角色与构式的受益者论元熔合，由句中的格框架来表示受益者；一类是构式赋予动词受益者论元，主要以“～のために”名词短语的形式来表示受益者。非物的传递恩惠型テモラウ构式的施动者论元一般由“に”格名词短语表示。

物的传递非恩惠型授受补助动词构式与非物的传递非恩惠型授受补助动词构式都突显非恩惠义。非恩惠义又可以分为中立义和不利义。无论句子表示物的传递还是非物的传递这一语义，表示中立义的テヤル构式都可分为表示改变事态的テヤル构式和表示意志、宣泄义的テヤル构式。非物的传递非恩惠型テクレル具有不满、挖苦、讽刺、反语等语用含义。非物的传递非恩惠型テモラウ表示说话人的不满、责难，意图是阻止事态的发生。

本书尝试分析和解决了以下几个问题：

①分析了授受构式的语义扩展模式，指出授受构式的扩展经历了两个不同层次的扩展。根据授受补助动词构式的语义扩展特点，确定了授受补助动词构式的四种典型的表达方式并分析了这四种典型表达

方式的原型－扩展关系。

②讨论了动词与构式的整合方式。

③讨论了非恩惠型テヤル，指出了非恩惠型テヤル可以表示宣泄义这一语用含义。

④分析了构式中的压制现象。其中，动词与构式整合时是构式压制词汇在起作用。在一定的语境作用下，会出现词汇压制构式的现象。词汇压制构式时，构式不得不做出某种调变，形成新的语义。

Abstract

The giving and receiving expressions are typical Japanese expressions and have always been an important topic in the study of the Japanese grammar. Most traditional researches, however, tend to get the syntax information from an analysis of lexical functions or syntactical rules. As we know, the use of language expressions is a complicated problem and the form-meaning features of a sentence are, influenced by various factors, most likely not naturally deduced from the semantical rules, but from the form-meaning agreement of the expressions. And the form and meaning pairings are called constructions. To observe and analyze the grammatical and semantical relations of words within a construction from its independent meaning helps to throw light on some grammatical phenomena that have eluded explanation before. It also helps explore deeper into the factors that affect the meaning of the sentence and helps expound the reasons for different sentences, thus leading the language study to a higher plane. Therefore, this paper, based on the fundamental theory of constructions grammar, takes the giving and receiving constructions as the objective of study. It analyzes the relationship between giving and receiving, a common event in human experience, and the giving and receiving constructions, discusses the extending modes of the meanings of such constructions, analyzes the relations between the original and their extensions in the helping verbs' constructions. By making a more comprehensive study of the giving and receiving constructions, the author hopes that some difficult points that remain unexplained so far can be soundly explained.

The giving and receiving event projects itself into the Japanese language as the main verbs constructions, which profile the giving and receiving of the object and the benefaction. The extending of the giving and receiving constructions occurs at two levels. The main verbs' constructions extend into the helping verbs' constructions, and the meaning of the constructions extending from "the giving and receiving of object" into "the giving and receiving of event." The helping verbs' constructions extend from the main verbs' constructions. When the double meaning of giving and receiving and benefaction in the original extends individually or simultaneously, there arise four typical helping verbs' constructions, namely, the helping verbs' constructions of object giving and receiving and benefaction, the helping verbs' constructions of non-object giving and receiving and benefaction, the helping verbs' constructions of object giving and receiving and non-benefaction, and the helping verbs' constructions of non-object giving and receiving and non-benefaction.

The extending of the helping verbs' constructions is based on the original object giving and receiving and benefaction. The cognition mechanism behind the extending of the helping verbs' constructions of object giving and receiving and benefaction into those of non-object giving and receiving and benefaction is metaphor. The helping verbs' constructions of non-object giving and receiving inherit the benefaction meaning of the helping verbs' constructions of object giving and receiving and benefaction. After the helping verbs' constructions of object giving and receiving and benefaction extend into those of non-object giving and receiving and benefaction, the benefaction meaning extends into non-benefaction, thus becoming the helping verbs' constructions of non-object giving and receiving and non-benefaction, which inherits the meaning of non-object giving and receiving (i. e., the giving and receiving of event) carried in the helping verbs' constructions of non-object giving and receiving and benefaction. The helping verbs' constructions of object giving and receiving and non-benefaction is developed from the helping verbs constructions of object giving and receiving and benefaction, which inherits the implication of giving and receiving an object of the latter. Both the helping verbs' constructions of object giving and receiving and non-benefaction and the helping verbs' constructions of non-object giving and receiving and non-benefaction indicate non-benefaction. The cognition mechanism behind is that the words coerce constructions.

The original use of the main verbs' constructions is closely related to the T mode of the interactional mode of cognition, in which the conceptualizer takes part in the event so that *yeru*-constructions, *kureru*-constructions, *morau*-constructions profile the different facets of event giving and receiving. Among the three constructions, *morau*-constructions possess both causativity and passivity as cognitively speaking the constructions use the result, namely, the receiver gets the object, to refer to the whole giving and receiving event. When the sentence profiles the result, *morau*-constructions shows passivity; when the sentence profiles the receiver making the giver give the object, it shows causativity. The prototypes of *yeru*-constructions, *kureru*-constructions and *morau*-constructions are basically the same, but the extended usage of arguments shows inconsistency. The cognitive mechanism behind this is that constructions coerce words.

The meaning of constructions stands out after verbs blend with constructions. The blending of verbs with the helping verbs' constructions of giving and receiving and benefaction takes three forms: matching of roles, mis-matching of roles in importance, mis-matching of roles in number. According to the modes of blending, the verbs that can be blended into the constructions can be grouped into explicit giving and receiving verbs, implicit giving and receiving verbs, zero label. The blending modes of verbs with the helping verbs' constructions of non-object giving and receiving and benefaction are the mis-match of roles in importance and number. From the blending modes we know that the argument, the benefiter of the non-object giving and receiving and benefaction, presents itself in two ways. The first is the participator of the verb fuses with the benefiter of the constructions, shown through the case frame of the participator; the other is constructions give the verb benefiter argument, using "*notameni*" to represent the benefiter. The agent of the construction of non-object giving and receiving and benefaction *morau*-constructions are usually expressed with the "ni" phrase.

Both the helpingverbs' constructions of object giving and receiving and non-benefaction and those of non-object giving and receiving and non-benefaction profile the meaning of non-benefaction, which can be divided into neutral and unfavorable. Be it the object giving and receiving or the non-object giving and receiving in a sentence, the neutral *teyeru*-constructions can be further divided into the *teyeru*-construction, which indicates changing the situation, and the *teyeru*-construction, which indicates determination and catharsis. Non-object giving and receiving and benefaction construction of *tekureruyeru*constructions show sarcasm and irony, while the non-object giving and receiving and non-benefaction constructionof *temorau*-constructions show the discontentment of the speaker who hopes to prevent the thing from happening.

The dissertation shows originality in the following aspects.

1. It analyzes the extending modes of meanings of the giving and receiving constructions and points out that the extension occurs at two levels. Based on the features of the extending of the helping verbs constructions, the paper defines the four typical expressions of the helping verbs' constructions and analyzes the relations between the original and the extended forms.

2. By discussing the blending modes of verbs and constructions

3. It finds that the non-benefaction of *teyeru*-constructions have rich implications. Some neutral non-benefaction of *teyeru*-constructions can indicate "catharsis" pragmatically.

4. By making an analysis of coercion in constructions, the paper concludes that the cognition mechanism behind the verb-construction-blending is constructions coerce words. When the context is insufficient to provide the support, words coerce constructions. As a result, the construction has to make some modification and forms a new form-meaning pairing.

Keywords: the giving and receivingexpressions, constructions, giving and receiving, benefaction, blending, coercion

目　录

CONTENTS

第一章　绪　论

授受句是典型的日语表达方式之一，形式上复杂多样，用法上富于变化，一直是日语语法研究的重点。众多的语法学家从多个方面进行了相关研究，取得了令人瞩目的成就。现有研究对授受句的句法规则和授受句所具有的两种意义——传递义①和恩惠义作了较为详尽的描述。尽管如此，授受句中仍有一些问题没有得到解决。例如：什么是传递？什么是恩惠？传递和恩惠这两种意义在授受句中是如何表现出来的？这些问题看似简单，却不容易讲得清楚。

（1） a. わたしは友達に本をやった。

b. わたしは友達に本を買ってやった。

c. わたしは友達のために行ってやった。

现有研究认为，例（1）a表示物体的传递。例（1）b、c都表示事件的传递。例（1）a中，我将书传递给朋友，朋友获得了书，例（1）a表示物体的传递，这一含义容易理解。例（1）b中，我买了书，将书给了朋友。从句子的意义来看，例（1）b也表示物体的传递。例（1）c中，我为了朋友去了某个地方，朋友受益。这个句子表

① 传递义即现有研究所指的“授受”。关于传递义，将在第2章进行讨论。

示恩惠。显然，例（1）b、c的含义不同。事件的传递这一解释无法说明例（1）b、c的不同。由井紀久子（1997）[①]、高見健一・加藤鉱三（2003c）等从ヤル的多义性来解释例（1）b、c的不同，山田敏弘（2001）、杨玲（2008）等尝试从动词的意义或配价来区分例（1）b、c这两类授受补助动词构式。然而，根据动词的配价区分授受补助动词句有利于了解授受句的句法结构特点和使用规则，但也存在无法解释的情况。例如：

（2）わたしは友達にケーキを作ってやった。

根据动词配价，"作る"这一动词是二价动词，涉及施事"わたし"和受事"ケーキ"。构成授受补助动词句后，"に"格名词短语成为句子的必有论元，二价动词"作る"出现在授受补助动词句中可以成为类似于"教える"等的三价动词。这一现象该如何解释。针对这一问题，大曾美恵子（1983）讨论了"に"格名词短语共现的规则、三宅知宏（1996）论述了物体的产生过程。他们都认为，授受补助动词句中能够出现移动至接受者处的物体（无论该物体是具体的物体，还是抽象事物）时，"に"格名词短语成为句子的必有论元。这些研究成果对我们有一定的启发作用，但是，如果物体的产生使得"に"格名词短语出现在授受补助动词句中，例（3）这类句子就不太好理解，容易产生歧义。

（3）わたしは友達のためにケーキを作ってやった。

例（3）表示我为朋友做蛋糕。这个句子中句子主要表达是朋友受益这一语义，句中"のために"名词短语表示受益者，这个句子也包含物体的产生这一结果，按照大曾美恵子（1983）等的解释，这样

① 为与参考文献保持一致，本书按照论文或著作发表时作者使用的名字来表示研究者，没有将日文汉字转为相应的中文汉字。下同。

的句子可以表示传递。这样解释的结果就与例（2）和例（3）的含义一样，例（2）的“に”格名词短语和例（3）的“のために”名词短语的语法功能一致。但是，从句子表达的意思来看，例（2）的句子侧重于表达我做了蛋糕给朋友，朋友是接受者，朋友又是传递蛋糕这一行为的受益者。例（3）侧重于表达我为朋友做蛋糕，朋友是做蛋糕这一行为的受益者。这两个句子的语义具有不同之处，这一现象该如何解释，大曾美惠子（1983）等的研究未曾涉及。

通过上面的讨论可知，传统语法的研究成果在一定程度上明确了日语授受句的句法结构特点和使用规则。但是，当分析具体的语言表达时就会发现，具体表达形式的使用是一个较复杂的问题，受到多种因素的影响，句式的句法－语义特征很可能不是单纯由词汇语义规则自然推导出来的。

近年兴起的构式语法（Construction Grammar）认为，句式的产生来自人类经验的基本事件，这些事件的概念可以由语言中的基本句式来体现。人类生活中的传递事件，即给予和接受这一事件的概念结构可以在日语的授受句中体现出来。如例（1）a 的句法结构就显示了给予者“わたし”将传递物“本”传递给接受者“友達”的过程。构式语法认为，句式是形式和意义的配对体，不能只从句式的组成成分，如动词来分析句式的形式和意义，还应将其看作一个整体来分析。每一个具体表达形式的意义是句式和其中的组成成分共同作用的结果。例（2）和例（3）的动词相同，但是句子表达的意义不同，这有可能是构式（Construction）不同造成的。

总之，构式语法认为句式是形式和意义的配对体这一观点，有助于解释一些先前不好解释的语法现象，有助于进一步探索影响句子意思的因素，进一步探索句子意思的组成，有助于说明各种不同句式产生的原因与理据，有助于扩展语法研究的视野，开拓句式研究的新领域，从而有助于人们把语言研究引向深入（陆俭明，2011：23－24）。目前，基于构式语法理论对日语授受句进行的相关研究还很少。因此，本书以日语的授受句为研究对象，分析传递这一人类经验的基本事件与授受句之间的关系，讨论授受句的语义扩展模式，分析授受补助动词句中不同表达形式的原型与扩展关系，描述动词与构式的整合方式，以期对日语授受句有一个较为全面的分析，解决一些现有研究成果难以解释或未曾解释的难点。

在讨论这些问题之前，首先梳理已有的研究成果，分析日语授受构式的研究现状，发现其中存在的问题，阐述依据的理论原理。

1.1 研究现状

授受句的相关研究主要有句法、意义方面的研究。句法方面的研究主要包括两个方面：对授受独立动词三分法现象的研究、对授受补助动词句格框架的关注。意义特征的研究主要集中在三个方面，一是对授受独立动词句与授受补助动词句之间的意义关系的研究；二是对授受补助动词句的恩惠义与非恩惠义的研究；三是对テモラウ句的使役性与被动性的研究。近年来，出现了从认知的角度对授受句进行的研究，这些研究主要试图解释授受句三分化的认知机制、认知主体的识解等问题。

1.1.1 授受句的句法研究

从句法的角度对授受句三分化现象进行研究的主要有宫地裕

(1965)、大江三郎（1975）、久野暲（1978）、奥津敬一郎（1979）、寺村秀夫（1982）等。

宫地裕（1965）引入施动者、主语、说话人立场这三个概念对独立动词句进行了分析。引入前接动词的施动者、授受补助动词的主体、句子主语、说话人立场四个概念对补助动词句进行了描述。该研究指出，上述要素中，说话人立场对授受句三分化现象的形成起了决定性的作用（1965：24－28）。

大江三郎（1975）、久野暲（1978）对授受句中视点的制约规则进行了论述。大江三郎（1975）提出了“视线轴”的概念，视线轴是指说话人作为当事人从内部审视事态的位置，规定了授受句使用中的视线轴制约原则，即ヤル句中的给予者、クレル句中的接受者、モラウ句中的接受者是说话人（或说话人一方），判断标准不是物理空间距离，而是心理距离（1975：31－32）。

久野暲（1978）提出了“共感度、视点等级原则、视点一贯性”的视点三原则，以此作为衡量授受句三个系列使用正误的句法规则。“共感度”是指说话人将给予者或接受者视为己方的程度，共感度是从0（客观描写）到1（将对方视为自己）的连续体。“视点一贯性”是指同一单句中的共感度不能出现矛盾之处，简单地说，就是将给予者视为己方时就不能再将接受者视为己方。“视点等级原则”主要论述了三种判断说话人视点的原则，即“说话人的视点等级原则”“对称词的视点等级原则”“主题的视点等级原则”（1978：134－152）。例如：

（4）a. 私が花子に本をあげた。

b. ＊私が花子に本をくれた。　　（久野暲，1978：135）

（5）a. 君が妹さんに本をあげた？

b. ＊君が妹さんに本をくれた？　　　（久野暲，1978：136）

（6）a. 店員さんはお客さんにティシューをあげた。

b. ＊店員さんはお客さんにティシューをくれた。

（久野暲，1978：150）

久野暲（1978）认为例（4）b违反了说话人的视点等级原则，即句中出现第一人称、第三人称时，第一人称为说话人。例（5）b违反了对称词的视点等级原则，即句中出现对称词、与对称词相关的第三人称时，说话人应将对称词所指示的人物视为己方。例（6）b违反了主题的视点等级原则，当句中出现两个第三人称时，说话人将主题人物“店員さん”视为己方、不将新出现的人物“お客さん”视为己方。

奥津敬一郎（1979）、寺村秀夫（1982）对授受句中的人称限制规则进行了论述。奥津敬一郎（1979）以给予者与接受者、主语与非主语、内外关系、上下关系四组互相对应的概念来区分三个系列七种形式的授受独立动词体系，对它们的使用区分做了更详细的解释。

寺村秀夫（1982）进一步明确了授受句的主观性特点，指出授受句中的人称是相对的，而不是绝对的。第一人称不仅指说话人一方，还包括说话人心理上感觉属于己方的人，第二人称、第三人称亦是如此（1982：134）。

上述研究都关注到授受句三分化的句法特征，并且都认为“说话人视点”是区分使用ヤル、クレル、モラウ的决定性因素。

大曾美恵子（1983）、三宅知宏（1996）等关注了授受句的格框架问题。大曾美恵子（1983）指出テヤル、テクレル句中的动词是制作类动词时，“に”格名词短语是授受补助动词句的必有论元。这些动词单独构成句子时，句中不能出现“に”格名词短语。例如：

（7）太郎は息子に家を（＊建てた/〇建ててやった）。

（大曽美恵子，1983：121）

大曽美恵子（1983）指出，具有下述条件时，“に”格名词短语成为テヤル、テクレル句的必有论元。

具体的、又は抽象的な物、あるいは五感に訴える何か（声、音、香りなど）が、好意と共に好意の受け手に向かって移動すると考えられるときにのみ、ニ名詞句を使って好意、およびに上記の物の受け手を示すことができる。

（大曽美恵子，1983：123）

三宅知宏（1996）分析了制作类动词和致使（动作对象的）状态发生变化类动词[①]的不同之处，认为这两类动词的概念结构可用例（8）表示。

（8）a. 对象变化：［…EVENT y BECOME ［STATE y BEPRED.］］

b. 作　　成：［…EVENT　BECOME ［STATE y BEEXIST.］］

（三宅知宏，1996：100）

三宅知宏（1996）指出，“BE”表示“状态（STATE）”这一义素，“状态”又可分为物体属性变化的“断定性的（predicative）”状态和物体的“存在性的（existential）”状态。例（8）说明致使（动作对象的）状态发生变化类动词表示施事使得已存在的物体“y”发生了某种属性的变化。制作类动词表示施事使得某种物体“y”产生并处于存在的状态。制作类动词和致使动作对象发生变化类动词构成

---

① 致使（动作对象的）状态发生变化类动词即“対象変化動詞”（工藤真由美，1995）。工藤真由美（1995）将制作类动词看作“対象変化動詞”。三宅知宏（1996）指出了这两类动词的不同之处。本书沿用三宅知宏（1996）的观点，将两者区别对待。

テヤル、テクレル句时会有所不同。例如：

（9）a. 花子は太郎に夕食を作ってやった。

b. 花子は(＊太郎に/太郎のために）服を洗濯してやった。

（三宅知宏，1996：104）

三宅知宏（1996）指出，授受补助动词句的前接动词是制作类动词时，制作出的物品“y”可以被确定为テヤル句中的移动物“y”，所以“に”格名词短语能够共现，如例（9）a。授受补助动词句的前接动词是“致使（动作对象的）状态发生变化的动词”时，属性发生变化的物体“y”不能被确定为テヤル句中的移动物“y”，“に”格名词短语不能共现，如例（9）b。

通过上述介绍可知，授受句句法研究的相关成果主要分析了授受句的人称与三个系列的使用规则、说话人视点与授受句的主观性特征，“に”格名词短语可以共现的条件和原因。这些研究成果不仅对后来的研究有较深的影响，也有助于日语学习者理解和掌握授受句使用的相关句法规则。

1.1.2 授受句的意义研究

松下大三郎（1928）把授受独立动词称作“形式动词（形式動詞）”，将授受补助动词句称作“利益态（利益態）”。该研究未提到授受补助动词句不表示恩惠义的用法，强调授受句都具有恩惠性。该研究最早提出了授受句具有恩惠义这一观点。之后，授受句的意义研究集中在授受独立动词句与授受补助动词句的意义联系、授受补助动词句的恩惠义与非恩惠义、授受补助动词句的传递义与非传递义、テモラウ句的使役性与被动性这四个方面。

①有关授受独立动词句与授受补助动词句的意义联系的研究

上野田鶴子（1978）、由井紀久子（1997）、益岡隆志（2001）论述了授受独立动词句与授受补助动词句的意义联系。上野田鶴子（1978）认为授受独立动词句表示“物体的授受（物の授受）”[①]、授受补助动词句表示“事件的授受（事柄の授受）”。由井紀久子（1997）继承了上野田鶴子（1978）的观点，认为授受独立动词句表示物体的授受，授受补助动词句表示事件的授受，并进一步描述了两者的转换关系。例如：

（10）a. 僕がお前に［春物のワンピースを］<u>やった</u>。
b. おじいちゃんが僕に［ランドセルを］<u>くれた</u>。
c. 私が友達に［アルバムを］<u>もらった</u>。

（由井紀久子，1997：20）

（11）a. 僕がお前に［僕がお前に春物のワンピースを買う］s <u>やった</u>。
b. おじいちゃんが僕に［おじいちゃんが僕にランドセルを買う］s <u>くれた</u>。
c. 私が友達に［友達が私に友達の家でアルバムを見せる］s <u>もらった</u>。

（同上）

由井紀久子（1997）指出，将例（10）所表示的授受独立动词句的［Thing］转换为［Event］，授受独立动词句相应地转换为授受补助

① 现有研究将授受独立动词句的意义称为“物体的授受”，将授受补助动词句的意义称为“事件的授受”。本书将授受称为“传递”，所以笔者在说明本书的观点时使用“物体的传递”、“事件的传递”这些术语，在提到现有研究的成果时仍使用“物体的授受”、“事件的授受”这一术语。

动词句，如例（11）。

益岡隆志（2001）论述了授受独立动词句与授受补助动词句的意义联系，并指出了授受句恩惠义的由来。该研究指出，授受补助动词句的结构由授受独立动词句扩展而来，两者之间具有内在联系性，两者意义的内在联系性来自结构的内在联系性。例如：

（12）a. 僕は花子にプレゼントをあげた。

b. 僕は花子にノートを貸してあげた。

（益岡隆志，2001：27）

例（12）a 中，授受的对象是“プレゼント”这一物体，例（12）b 中，授受的对象是“ノートを貸す”这一事件。两个句子的关系是结构上将表示事态的名词换成表示事件的动词，句子的意义也就相应地从物体的授受扩展为事件的授受。益岡隆志（2001）认为，授受独立动词句和授受补助动词句都表示恩惠义。授受独立动词句的恩惠义在于转移物具有“令人满意、有利于某人的属性（好ましさ）”，授受补助动词句的恩惠义在于动词短语所表示的事件具有令人满意、有利于某人的属性，所以两者的恩惠义也具有内在的连续性。

②有关授受补助动词句的恩惠义与非恩惠义的研究

豊田豊子（1974）、山田敏弘（2001d）等描述了授受补助动词句的非恩惠义以及恩惠义与非恩惠义的关系。豊田豊子（1974）认为授受补助动词句多表示恩惠义，有些句子不表示恩惠义。例如：

（13）a. 腹が立つので怒鳴りつけてやった。

b. 彼は伯父には洩らさぬ不平を（妻に）いってやった。が、分遣隊ではじめて受け取った、またはじめての封緘でない便りは、それの返事ではなかった。

c. 資本などはどうでもいいから、これを学資にして勉強してやろう。

（豊田豊子，1974：79－89）

豊田豊子（1974）指出，テヤル句的非恩惠义可分为三类：一是不利义，如例（13）a；二是方向义，如例（13）b；三是意志义，如例（13）c。豊田豊子（1974）认为，テヤル句表示有利于某人还是不利于某人不完全由动词的语义决定，还与语境有关。例如：

（14）そうして、身代わりの男を三日目に殺してやるのも気味がいい。

（豊田豊子，1974：79）

“殺す”这一动词虽然表示不利于动作对象，但“殺してやる”表示有利于他人还是不利于他人需要语境的支持。如果是杀手对雇主说“○○を殺してやる”，句子表示有利于听话人。没有这一语境，句子表示不利于受事，如例（14）。

豊田豊子（1974）指出，授受补助动词句的三个系列中，除了テヤル句，テクレル句也有不表示恩惠的用法。例如：

（15）とんだことをしてくれたなあ。　（豊田豊子，1974：83）

豊田豊子（1974）认为，例（15）中说话人将不利于自己的事情故意识解为己方受益，两者冲突后产生了讽刺、反语这一修辞效果。

山田敏弘（2001d）根据是否存在“受影响者”[①] 这一标准将非恩惠型（非恩恵型）テヤル句[②]分为“存在受影响者型（受影者存在

① 受影响者即“受影者”，指受动作所表示的行为影响的人。受影响者可以是受事，也可以是受事的领属者，或者是语境显示的受行为影响的人。

② 笔者将“非恩恵型”翻译为非恩惠型，并沿用山田敏弘（2001d）的这一说法。下同。

型）”“不存在受影响者型（受影者非存在型）”① 这两类。该研究认为上述的例（13）a、b 中都存在受事态影响的人。例（13）a 中受事态影响的人是“大声斥责（怒鳴りつける）”这一行为的受事，可以从上下文中推导出来。例（13）b 中受事态影响的人是“妻”，这两类テヤル句可称作存在受影响者型テヤル。例（13）c 不存在受事态影响的人，这类テヤル句可称作不存在受影响者型テヤル。此外，テヤル句还可以表示“改变事态（事態改善）”，例如：

（16）（ティッシュペーパーの一枚目をうまく取り出すために）

ちょっと指でおさえてやると、うまく取り出せます。

（山田敏弘，2001d：97）

山田敏弘（2001d）指出非恩惠型テヤル多表示施事给予对方较强的影响力。从词源来看，ヤル有“（強く）打ち出す”这一含义，所以非恩惠型授受补助动词构式保留有这种表示给予某种影响的特点（授影性），正是这一特点使得テヤル句可以表示不利义、意志义。除了论述非恩惠型テヤル，山田敏弘（2001h）还较为详细地论述了非恩惠型テクレル、非恩惠型テモラウ的特征和语用含义。其中，非恩惠型テモラウ的句式更为固定，主要表现为“~てもらっては困る”“~てもらってはいけない”等。例如：

（17）問題を忘れててもらっては、困る。

（山田敏弘，2001h：93）

高見健一・加藤鉱三（2003b）也讨论了テヤル句、テクレル句、テモラウ句中的恩惠义与非恩惠义。例如：

（18）僕は、鈴木君の論文を批判してやった。［不利益/利益］

---

① 笔者将“受影者存在型”“受影者非存在型”翻译成“受影响者存在型”“受影响者不存在型”，并沿用山田敏弘（2001d）的这一说法。

（高見健一・加藤鉱三，2003b：95）

高見健一・加藤鉱三（2003b）认为，テヤル句没有恩惠义，解释读者认定的恩惠与非恩惠是依靠语境推导出来的。例（18）可以表示说话人批评了铃木的论文，使得铃木注意到自己的不足之处，以完善自己的论文，其结果是铃木因此受益。例（18）也可以表示说话人批评了铃木的论文，给铃木带来一定的麻烦，结果是铃木受损。也就是说，该研究认为例（18）中的テヤル只表示采取了某一行为这一含义，テヤル句没有恩惠义。高見健一・加藤鉱三（2003b）在论述テクレル、テモラウ句是否具有恩惠义时指出，テクレル、テモラウ句表示恩惠义，句子不存在歧义。例如：

（19）a. 鈴木君が僕の論文を批判してくれた。［利益］

b. 僕は鈴木君に論文を批判してもらった。［利益］

（高見健一・加藤鉱三，2003b：95）

高見健一・加藤鉱三（2003b）指出，类似例（19）的テクレル、テモラウ句只表示恩惠义，句子不存在歧义。

王燕（2010）从日语教学的角度讨论了授受表达方式，该研究认为授受补助动词句的基本含义是松下大三郎（1928）提出的恩惠义，即表示“有利于某人的某种行为”。王燕（2010）指出，テヤル、テクレル、テモラウ句还具有两种派生义，第一种是恩惠义进一步抽象化，由此派生出来的含义。其中，テヤル句表示“不期待受益者表示感谢（受益者からの感謝を期待しない）”，テクレル句表示“对事态的正面评价（物事に対するプラス評価を表す）”，テモラウ句表示“被动接受某种恩惠行为（単純受益）”（王燕，2010：108－204）。第二种是表示非恩惠义的テヤル、テクレル、テモラウ句。表示第一种含义的句子如例（20）。

（20）a. …今は、無理をせず、悲しむ自分を認めてあげることが大切だと思います。

b. 息子の病気がやっと治ってくれた。

c. …ありがとうございます。今、文章をほめていただくと、一番うれしいです。（王燕，2010：161－204）

王燕（2010）认为例（20）a 中的给予者和受益者都是说话人，这类テヤル句有“不期待受益者表示感谢”这一含义。该研究认为，豊田豊子（1974）指出的表示意志义的テヤル句和山田敏弘（2001d）指出的表示改变事态的テヤル句也都具有这一含义。王燕（2010）指出，例（20）b 这类非生命体作主语的テクレル句表示“对事态的正面评价”，例（20）c 中的テモラウ句表示“被动接受某种恩惠行为”。这些用法都是テヤル、テクレル、テモラウ句的派生义。

③有关授受补助动词句的传递义与非传递义的研究

由井紀久子（1997）、高見健一・加藤鉱三（2003b）力图分析授受独立动词句与表达不同含义的授受补助动词句之间的联系性。由井紀久子（1997）认为，日语表达中存在一个独立的不依附语境的ヤル，具有四个义素。此外，授受句中存在多个“クラスター”，即意义集合体。例如：

（21）a. 部長は川田君を東京へ遣った。

b. 子供に僕の切手帳をやった。

c. 洋子は義夫にセーターを編んでやった。

d. ボールをそっちへ投げてやった。

e. 今度こそ司法試験に合格してやる。

f. 先生に言い付けてやる。（由井紀久子，1997：42－43）

例（21）a－f 中的ヤル分别对应动词“遣ル”、授受独立动词ヤル、表示恩惠义的テヤル、表示方向义的テヤル、表示意志义的テヤル以及表示行为影响义的テヤル这六个意义集合体。由井紀久子（1997）论述了各意义集合体与独立的不依附语境的ヤル的各义素之间的关系，如图 1.1 所示。

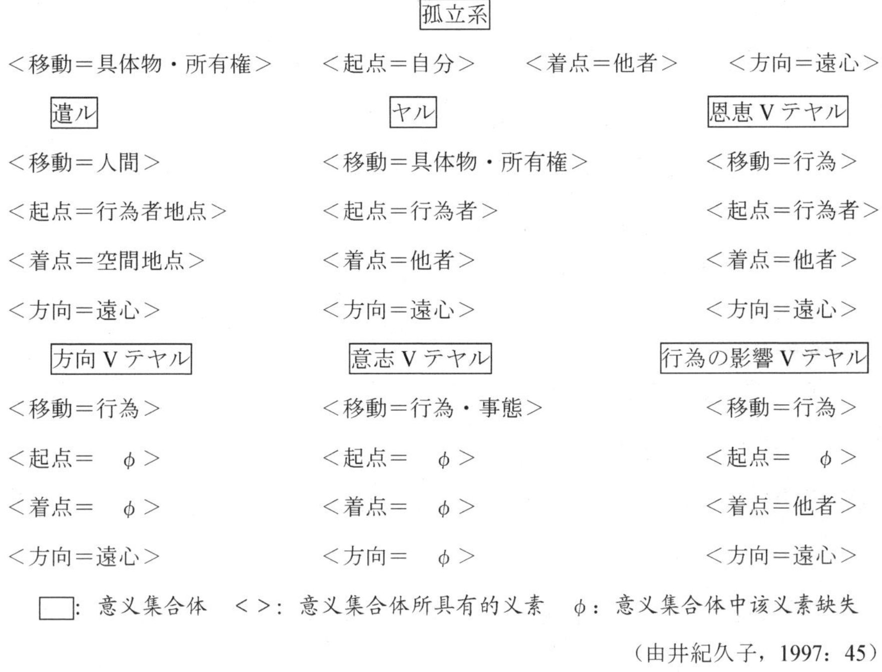

图 1.1 ヤル各意义之间的关系

由井紀久子（1997）指出，图 1.1 表明了独立的不依附语境的ヤル、授受独立动词ヤル、表达不同含义的テヤル之间的联系性。例如，表示恩惠义的テヤル和表示意志义的テヤル的关系是：表示恩惠义的テヤル具有行为的移动、起点、终点、方向这四个义素，表示意志义的テヤル句只有行为（或事态）的移动这一义素，两者只在行为的移动这一义素上有共同之处。

高見健一・加藤鉱三（2003b）从动词ヤル的多义性入手，来探讨授受补助动词句与授受独立动词句的联系性。该研究认为授受独立动词ヤル具有两种含义。例如：

（22）a.「与える」（give）：太郎が花子に本をやった。

b.「行う」（do）：君が嫌なら、僕がそれをやる。

（高見健一・加藤鉱三，2003b：97）

高見健一・加藤鉱三（2003b）认为，例（22）a的ヤル表示“给予（与える）”、例（22）b的ヤル表示“采取某种行为（行為を行う）”。补助动词テヤル继承了ヤル的这两种意义。例如：

（23）a. 太郎が花子に本を読んでやった。

b. 太郎が買い物に行ってやった。

（高見健一・加藤鉱三，2003b：98）

例（23）a中的テヤル表示“给予”，例（23）b的テヤル表示“采取某种行为”这一语义。

杨玲（2008）讨论了授受补助动词句的传递义与非传递义，将其命名为物体的授受和非物体的授受。该研究认为，根据动词的不同，可将授受补助动词句分为两类，一类表示物体的授受，一类表示非物体的授受。例如：

（24）a. 友達が弟に本を貸してくれた。

b. 南雄の知事はわざわざ薬草を届けてくれたが、この薬草は傷を癒すのにたいへんよく効いた。

c. 自分はハンカチを出して顔を拭いた。それから上着を脱いで畳の上へ放り出した。嫂は団扇を取ってくれた。…

d.「そして彼女が編んでくれた素敵なセーターを着てるのにね。」

e. 人々も出て迎えた。下女の袈裟治は塵払を取出して、背中に附いた雪を払ってくれる。

f. 太郎が行ってくれた。

g. 電車がいい位置に止ってくれた。

（杨玲，2008：90－124）

杨玲（2008）指出，根据语义可将日语动词分为两大类。一类是动词语义包含或潜在包含有物体的移动，如“教える、貸す”等广义的授受动词、“届ける、入れる”等致使动作对象移动类动词、“買う、取る”等取得类动词、“作る、編む”等制作类动词。一类是动词语义不包含有物体的移动，如“洗う、払う、食べる”等单纯动作类他动词、“行く、（電車が）止る、（雨が）降る”等自动词。前一类动词构成的授受补助动词句中包含有物体的移动，句子表示物体的授受，如例（24）a－d。后一类动词构成的授受补助动词句中不包含物体的移动，句子表示非物体的授受，如例（24）e－g。

这些与授受句的意义相关的研究中，益岡隆志（2001）等论述了授受独立动词句与授受补助动词句在结构与语义上的联系性，有助于日语学习者理解和掌握授受独立动词句与授受补助动词句的基本结构特征。由井紀久子（1997）、高見健一・加藤鉱三（2003b）对授受句的义素分析及授受补助动词句的意义分析对进一步讨论授受句的传递与恩惠义具有启发和借鉴作用。豊田豊子（1974）、山田敏弘（2001d）较为详细地描述了表示非恩惠义的授受补助动词句，并对其中的非恩惠义进行了较为详细的分类，有助于进一步探讨授受补助动词句的恩惠义与非恩惠义之间的关系。杨玲（2008）观察和描述了授受补助动词句中的传递义与非传递义，有助于进一步思索和探讨授受句中的传递这一概念的真正含义。

④有关テモラウ句的使役性与被动性的研究

奥津敬一郎・徐昌華（1982）指出，テモラウ句的基本含义是单纯受益，例如：

（25）a. 中学校ではぼくたちは伊藤先生に英語を教えてもらった。

b. うわーはずかしい。先生に踊りをほめていただくなんて。

（奥津敬一郎・徐昌華，1982：98）

奥津敬一郎・徐昌華（1982）认为，例（25）a通常也不必请求就可获得老师的教诲，当然这个句子也有可能表示请求老师教英语。没有语境的支持，不必考虑テモラウ构式是否具有请求这一含义。例（25）b受到老师的表扬并不是通过请求获得的。这两个句子表明テモラウ句的基本含义是单纯受益。

（26）a. 私はきのう田中君に辞めてもらった。

（奥津敬一郎・徐昌華，1982：99）

b. 私はきのう田中君を辞めさせた。（同上）

在某种语境中，テモラウ构式具有请求这一含义，如例（26）a，请求是从基本含义派生出来的，这样的テモラウ句表示使役义。例（26）a是一种谦逊地表达使役行为的句式，可称为“謙譲使役文”。例（26）b是使役句，可称为“尊大使役文”。

仁田義雄（1991）根据テモラウ句的意义，将其分为依赖受益型テモラウ句和非依赖非受益型テモラウ句，例如：

（27）a. 洋平に部屋に入ってきてもらった。

b. 勝手に部屋に入ってきてもらっては困る。

（仁田義雄，1991：49）

例（27）a 是依赖受益型テモラウ句。该句表示说话人请求“洋平”后，“洋平”进入到房间，这一行为使说话人获益。例（27）b 是非依赖非受益型テモラウ句。该句表示进入房间这一行为是施动者的主动行为，不是说话人请求的结果，这一行为使得说话人受损。

益岡隆志（2001）将テモラウ句分为使役型テモラウ句、被动型テモラウ句，例如：

（28）a. そうであれば、代表の座をやめてもらうしかない。

b. 衛星放送などで見た方を含めると、相当数の方に楽しんでもらったと思う。　　（益岡隆志，2001：28）

例（28）a 是使役型テモラウ句，例（28）b 是被动型テモラウ句。益岡隆志（2001）认为使役型テモラウ句、被动型テモラウ句都具有恩惠义，只是被动型テモラウ句的恩惠性较强，使役型テモラウ句的恩惠性相对较弱。

奥津敬一郎・徐昌華（1982）等的研究成果令人瞩目，对后来的研究者影响较深，不仅扩展了关于テモラウ句的研究视野，也有助于人们对テモラウ句的理解。可以说テモラウ句的使役性与被动性也一直是授受句研究的重点内容之一。

1.1.3　授受句的认知研究

近年来，许多学者从认知语言学的角度对授受补助动词句进行了相关研究，如中村芳久（2001）、澤田淳（2005、2007b）、于康（2005）、陈访泽、杨柳（2011）等。

中村芳久（2001）根据 Langacker 的理论分析了テヤル句的意义。中村芳久（2001）认为テヤル句的动作链中包含有多个认知域。其中

“～を～にVてやる”句，如“子供に本を買ってやった”，句中有移动域、作用力域、所有权域、利害域。句中的“に”格名词短语不仅是物体的所有权的接受者，还表示受益者。不含“に”格名词短语的“～を～Vてやる”句，例如“子供を助けてやった”，句中只有其他三个认知域而没有所有权域。该研究分析テヤル句的不利义时指出，利害域中的“利益”与“损害”具有镜像关系，所以表示“给予利益”义的テヤル句也可以表示与“利益”成镜像关系的“给予损害”义。

澤田淳（2005）考察了独立动词ヤル、クレル扩展为テヤル、テクレル的语法化过程，指出这一过程共存在四个阶段，并讨论分析了各阶段的句法结构。以クレル、テクレル为例，例如：

（29）a. 父が私にお金をくれた。

b. 太郎が私にはさみを取ってくれた。

c. 太郎が私を励ましてくれた。

d. よい時に雨が降ってくれた。

（澤田淳，2005：442－448）

该研究认为，独立动词ヤル、クレル扩展为テヤル、テクレル的语法化过程，是从物体的授受扩展为事件的授受的过程，这一过程经历了如例（29）a－d 所显示的四个阶段。

于康（2005）分析了テヤル句的多义性，指出テヤル句具有动作/行为指向、恩惠/施惠、对象不利、意志/决心义。其中，动作/行为指向是原型义，由此扩展出了恩惠/施惠、对象不利、意志/决心义。这一语义扩展机制可用图 1. 2 表示。

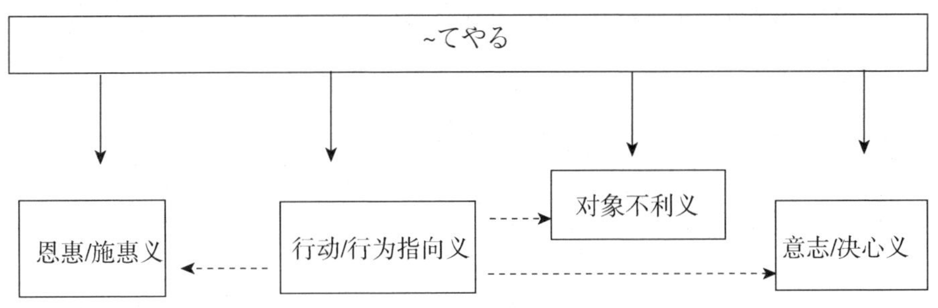

图 1.2　テヤル的语义扩展机制

（于康，2005：209）

澤田淳（2007b）指出，多数研究认为テクレル句的受益者是说话人或说话人一方，且不是句子的主语，但是在某些复杂的句子中，受益者有可能是主句的主语。例如：

（30）太郎は［｛自分$_i$/彼$_i$｝に声援を送ってくれている］人達に手を振った。

（澤田淳，2007b：96）

澤田淳（2007b）以图 1.3 来说明例（30）这类テクレル句。如果例（30）使用“自分に”，说话人参与到事态中，将太郎视为己方，太郎是句子的认知主体，即图中的 C_1，此时受益者是太郎。如果例（30）使用“彼に”，说话人是整个事态的认知主体，即图中的 C_0，此时受益者是说话人，太郎是事态中的人物。

陈访泽、杨柳（2011）从认知语言学的角度考察了日语授受动词三分化的现象。该研究指出，产生这一现象的根本原因是认知主体包含于事态内部，认知主体与参与事态的行为主体和接受者有且仅有三种组合。例如：

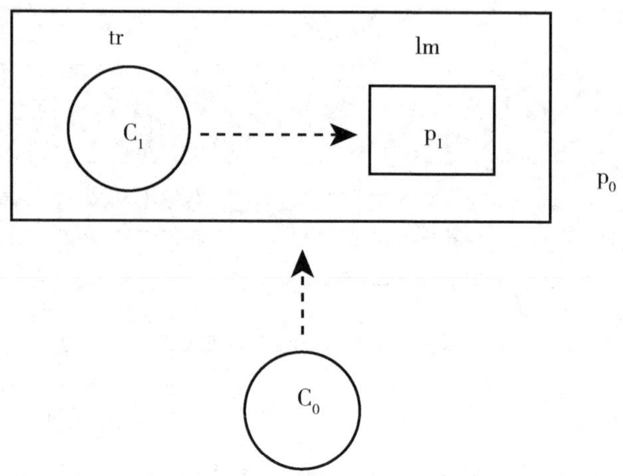

图 1.3 テクレル句的认知模式

C_0：整个事态的认知主体，一般为说话人

C_1：从属句的认知主体，可以是主句主语（或主句中的其他要素）

P_1：从属句的事态　　　　P_0：整个事态

（澤田淳，2007b：94）

（31） a. AGN = EX

b. RE = EX

c. AGN = RE = EX　　　　　　　　（陈访泽、杨柳，2011：58）

该研究认为，认知主体（Conceptualizer）即感知者（EX：Experience）。例（31）a 表示感知者（EX）的观察视点位于施动者（AGN：Agent）处。此时，感知者的顺序扫描是施动者（己方）施以力量致使物体移动，物体到达接受者（RE：Recipient）处，从而形成ヤル句。例（31）b 表示感知者（EX）的观察视点位于接受者（RE）处。此时，感知者的顺序扫描应为施动者致使物体移动，物体到达接受者（己方），从而形成クレル句。例（31）c 表示感知者（EX）的观察视点位于接受者（RE）处。感知者的观察视点位于接受者且是主语时，

感知者的顺序扫描为传递物从给予者处到达己方的过程，从而形成モラウ句。

上述从认知的角度对授受句的研究，多注重分析认知主体的识解作用，有助于理解和分析授受句的主观性特点。特别是中村芳久（2001）的研究结论对本书有较大的启发作用，对理解授受补助动词句的语义扩展有一定的帮助作用。

1.2 存在的问题

现有研究的成果较丰富，对本书的研究有较强的启发与借鉴作用。但是，有关授受句的研究还存在以下几个问题。

第一，有关授受句的语义扩展，相关研究还存在不足之处。

于康（2005）分析了テヤル句的多义性，讨论了テヤル句的语义扩展机制。但是，认知语言学认为原型应是范畴内的最佳成员或典型代表，在多项语义中，原型义是最基本的语义。所谓“最基本的”是指具备“最为固定的、认知程度高的、并在中性语境中最容易激活的”义项（籾山洋介・深田智，2003：142），所以能否将动作/行为指向义称作テヤル句的原型义还是一个问题。于康（2005）也意识到这一问题，他将原型义的定义进行了修正，认为具备最为固定的、认知程度高的、并在中性语境中最容易激活的义项未必一定是原型义，原型义可以是语义发展历史中的一个历史断面的意义（于康，2005：202）。

澤田淳（2005）认为，独立动词ヤル、クレル扩展为テヤル、テクレル的语法化过程，是从物体的授受向事件的授受扩展的过程。该研究将这一过程分成了四个阶段，例如：

（32）a. 父が私にお金をくれた。

b. 太郎が私にはさみを取ってくれた。

c. 太郎が私を励ましてくれた。

d. よい時に雨が降ってくれた。 ［＝例（29）］

澤田淳（2005）认为这四个阶段逐渐展开，句子的主观性越来越强，四个阶段的扩展在一个层次上。但是，分析例（32）可知，这四个扩展阶段不是澤田淳（2005）所指的同一个层次，授受句的扩展是在不同层次上展开的。授受补助动词句是授受独立动词句语法化后的结果，句式的意义从物体的授受扩展为事件的授受，例（32）b、c、d 都表示事件的授受。但是，授受补助动词句自身也在扩展，出现了（32）b、c、d 所表示的不同的表达形式。澤田淳（2005）的研究未曾涉及授受句的语义扩展的层次性。

授受补助动词句还有另一个意义范畴，即恩惠义。现有研究的成果表明，部分授受补助动词句具有恩惠义，部分授受补助动词句不具有恩惠义。同一句式可以表示两种对立的意义，这一现象该如何解释。针对这一问题，由井紀久子（1997）、山田敏弘（2001d、2001h）、高見健一・加藤鉱三（2003b）等主要从授受独立动词的多义性出发，根据授受独立动词的意义来解释恩惠义与非恩惠义的联系。

由井紀久子（1997）认为授受独立动词句具有的义素较丰富，授受独立动词在逐渐转变为授受补助动词的过程中，有些义素逐渐消失。这一结论仍是描述了最终结果，未能解释义素消失的过程及原因。山田敏弘（2001d）通过词源解释了ヤル句中的“授影性”，认为给予影响可以用来解释非恩惠义。高見健一・加藤鉱三（2003b）认为テヤル的意义来自动词ヤル，动词ヤル具有多义性，所以テヤル也具有

多义性。山田敏弘（2001d）、高見健一・加藤鉱三（2003b）利用词源含义来解释テヤル的多义性，其研究成果有一定的说服力。但是，这两个研究的结论都无法适用于テクレル句和テモラウ句。

认知语法的原型范畴理论认为，很多事体是个连续统。可以认为授受补助动词句的语义也是个连续统。讨论授受补助动词句的多义性，就要涉及到原型义与语义扩展。通过上面的讨论可知，授受补助动词句的语义包括两个方面：传递义与恩惠义。授受补助动词句有怎样的语义扩展机制？传递义与恩惠义是各自扩展，还是两者同时进行扩展？扩展的背后有怎样的认知动因？现有研究鲜见这方面的论述。构式语法来自认知语法，构式语法强调句式的语义扩展，所以基于构式语法的理论阐释授受补助动词句的语义扩展模式具有一定的可行性。

第二，单纯分析动词的语义可能还不能够从本质上解释授受补助动词句的意义。

现有研究认为词汇在语法分析中起着十分重要的作用。句子提供句法规则，所以应当以词汇和有关规则为中心来分析语法，特别是动词，它所含语义和语用方面的信息可以决定语言基本句型的形式和意义。例如，杨玲（2008）认为，动词的语义包含或潜在包含有物体的移动时，这类动词构成的授受补助动词句具有传递义。但是，这一结论并不能完全解释制作类动词为什么潜在包含有物体的移动。

（33）わたしは友達にケーキを作ってやった。 ［＝例（2）］

制作类动词“作る”，其语义含义突显的是动作的结果，这一动作结果可以表示生成了例（33）所表示的传递物，但并没有体现出这类动词潜在包含有物体的移动。只有这类动词构成授受补助动词句后，句子才具有了传递的含义。所以仅从构成授受补助动词句的动词语义出发，并不能解释句式所具有的传递义。如果从构式语法的角度，将传递义视为句式整体的意义，有利于阐释这类两价动词能够构成具有传递义的授受补助动词句的原因。

另外，从动词语义出发也无法解释同一动词构成的授受补助动词句可表示不同的意义。例如：

（34）a. 花子が食べたそうだったので、僕は、花子にイチゴを摘んでやった。

b. 花子が忙しそうだったので、僕は、花子のかわりにイチゴを摘んでやった。

（高見健一・加藤鉱三，2003c：108）

例（34）a 表示摘草莓给花子，“摘む”构成的授受补助动词句具有给花子东西的含义。例（34）b 表示代替花子摘草莓，“摘む”构成的授受补助动词句具有代替花子做某件事，花子因此受益的含义，句中没有突显物体的移动这一含义。同一动词在授受补助动词句中可以搭配不同的名词短语，表示不同的意思，此时该如何解释。如果将“摘む”归类，是认为该动词具有潜在的表示物体的移动这一含义，还是认为该动词没有潜在的表示物体移动的含义？这将是个无从判断的难题。杨玲（2008）强调了表示物体的授受的补助动词句中一定要有物体的移动。这一结论具有一定的说服力，但仍无法解释例（34）b，因为（34）b 也包含物体的移动。构式语法认为，同一动词出现在句法结构相似的句式中，句子表示不同的意义，有可能是句式的不同造成的。构式语法的理论可以用来解释例（34）所体现出来的问题。

第三，关于テモラウ句的使役性与被动性，还有一些问题需要解决。

テモラウ句的使役性与被动性一直是授受句研究的重点内容之

一。奥津敬一郎・徐昌華（1982）等的研究结论对日语学习者了解和掌握テモラウ句的使役性与被动性有较大的帮助。例如：

（35）中学校ではぼくたちは伊藤先生に英語を教えてもらった。

［＝例（25）a］

奥津敬一郎・徐昌華（1982）指出，例（35）的基本含义是单纯受益，句子具有被动性。但是，在一定的语境中，这个句子可以表示请求这一含义，此时テモラウ句具有使役性。也就是说，没有语境的限制，テモラウ句具有一定的歧义。问题是，这一现象产生的原因到底是什么？如何能够正确把握和掌握テモラウ句在什么情况下具有被动性，什么时候具有使役性。讨论这一现象的认知动因，将有利于日语学习者理解和区分テモラウ句的歧义性。

第四，澤田淳（2007b），陈访泽、杨柳（2011）等强调授受补助动词句中的主观识解因素，这可能就会在某种程度上忽视意义的客观性，即认知语言学理论强调的客观体验性。

澤田淳（2007b）认为引入认知主体这一概念有利于理解テクレル句的恩惠性这一点没有问题。但是，该研究认为所有的テクレル句的受益者都是认知主体，可能会让解读者误以为无论客观事态是怎样的状况，只要认知主体认为某一事态有利于自己就可以使用テクレル句。在实际语言表达中，テクレル句的使用是一个较为复杂的问题，而有些问题还未能解决。例如：

（36）a. ＊君がお酒が飲めてくれて、助かった。

b. お酒が飲めるようになってくれて、助かった。

（高見健一・加藤鉱三，2003e：99）

按照澤田淳（2007b）的论述，例（36）a可以解释为认知主体认为听话人会喝酒这一事态有益于自己，句子可以成立。但是，在实际运用中，认知主体不能将表示恒常状态的客观事态看作有利于己方，所以例（36）a不能成立。高見健一・加藤鉱三（2003e）指出，这一表达形式不能成立是与动词语义有关的。例（36）a不能成立，是因为“お酒が飲める”表示恒常状态，例（36）b可以成立，是因为“お酒が飲めるようになる”表示某种变化。这一语言现象背后其实存在着一定的认知机制，构式语法的压制（Coercion）理论有一定的解释力，可以利用压制理论对这一问题进行阐释。

通过上面的讨论可知，先行研究取得了大量的成果，对日语学习者理解和使用授受补助动词句有一定的帮助，但是这一领域还有许多未解决的问题。上述例举的四个主要问题，有的问题现有研究也曾进行过解释，有些研究的结论也具有一定的说服力。但是，现有研究的阐述可能只是针对其中的一个方面或一部分原因，对这些问题的研究还未能用一个统一的模式或统一的理论来解释。构式语法理论认为构式具有独立的意义，语言表达反映了构式和词语之间的互动，构式语义具有多义性。这些观点，有助于在一个统一的理论框架内解释授受句中存在的某些不好解释的语法现象，有助于进一步探索影响授受句的意义的因素，有助于说明授受句中不同构式产生的原因与理据，从而把授受句的研究引向深入。

1.3　研究对象和研究目的

本书主要以日语授受句为研究对象，包括授受独立动词句和授受补助动词句。日语授受句有三个系列七种形式，以ヤル句为例，ヤル、アゲル、サシアゲル的区分在于给予者、接受者之间的（年龄、地位等的）上下关系、亲疏关系，属于待遇表现的不同。因为重点关注授受事件与构式之间的关系，这三种形式都表示给予者传递某种物体给接受者，所以本书不考察待遇表现的不同，将这三种形式都归在ヤル句中，クレル句和モラウ句也按此方式处理。另外，授受句的实际表达中还有“～てやってくれる”等双重或多重形式，这些表达形式也不在本书的研究范围之内。

本书的研究目的主要有以下几点：

①讨论并阐释授受句的扩展机制，描述各类授受补助动词句扩展过程中的几类典型用法。

②描写授受句的认知图式和突显的侧面，以此说明各类テヤル、テクレル、テモラウ句的中心用法和边缘用法。分析构式和动词的互动，阐释制作类动词构成的授受补助动词句具有物的传递这一含义的原因。讨论构式对词语的选用，及构式改变词语意义的现象。

③分析モラウ、テモラウ句具有使役性与被动性的认知动因。

④分析构式中的压制现象，讨论某些表达形式能够成立的动因。

1.4　理论依据

本书的理论依据是构式语法，而构式语法的许多观点和理论又源于认知语法。认知语法与构式语法在传播的过程中，汉日语对英语术语的解释有时并不一致，容易造成误解，因此有必要介绍相关理论并解释说明其中的一些概念。

1.4.1 图形－背景理论与事件域认知模型

图形－背景理论和 Langacker（1991）的事件域认知模型是认知语言学中的重要理论，主要用于论述句法成分和结构。

①图形－背景理论

丹麦心理学家 Rubin 设计了“人面/花瓶图”，如图 1.4，以此来解释图形－背景（Figure－Ground）理论。这一理论对后来的认知语言学影响较深。

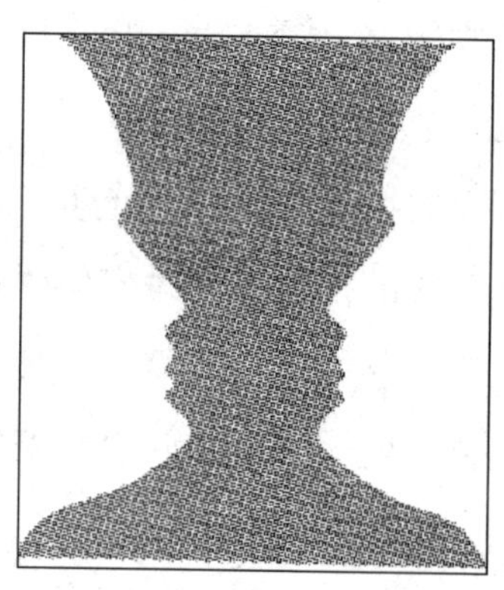

图 1.4 人面/花瓶图

（转引自王寅，2006：93）

Talmy（1978）首先将这一理论用于认知语言学研究中。该研究指出，人类在认知某一事体时，首先认知的是这一事体中最为明显的成分，这一最为明显的成分就是图形。以“人面/花瓶图”为例，人们不能同时既看到人面又看到花瓶，因此图形和背景不能被感知和理解为同一个东西。图形是包含于背景之中但又突出于背景的成分，在认知中占优势，成为注意的焦点。而背景相对于图形来说在认知中不占优势，突显程度较低，可作为认知上的参照点（转引自王寅，2006：93）。

②事件域认知模型

Langacker（1991）主张用“典型事件模型”来解释句法成分和结构。典型事件模型是由许多“概念原型”构成的，其中有两个突显的参与者：施事者和受事者。这一模型可用弹子球模型（Billiard - ball Model）来表示，如图 1.5。一个生物体或物体在某空间运动过程中撞击另一生物体或物体，前者将能量传递给了后者，后者在力的作用下发生了某种反应或状态变化。

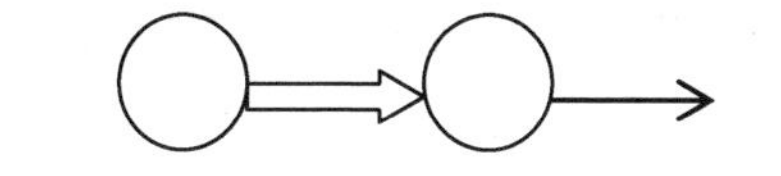

○：参与者 ⟹：能量的传递 →：链尾

图 1.5 弹子球模型

（Langacker，1991：283）

现代语言学为了分析句子结构的功能，用“格”或“角色”概念对句子成分的功能进行分类。这些“角色”与句法成分的关系是什么，多种句子形式来表达同一个情景，不同的角色可以充当主语的现象，Langacker（1991）用“典型事件模型”进行了解释。例如，“安德烈激怒了约翰，约翰将锤子扔出去，打碎了玻璃”。这一连串的动作，安德烈如何表述，需要进行下列操作：①设定辖域（认知域），②设定突显的侧体。这两个步骤反映到表达上，就形成了例（36）中不同的句子。

（37） a. John broke the glass with a hammar. （Subject = agent）

b. The hammer broke the glass. （Subject = instrument）

c. The glass broke. （Subject = patient）

（Langacker，1991：220）

Langacker（1991）认为，一般情况下，对主语的选择决定了对同一动作链不同部分的突显，即对句式的选择，如图 1.6 所示。

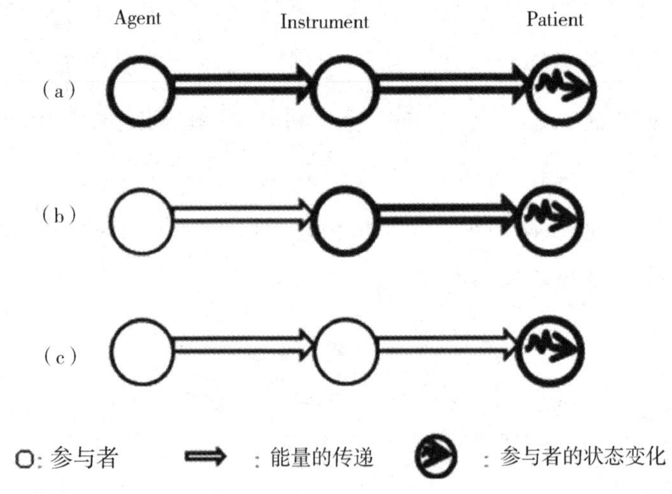

图 1.6　句法认知图形

（Langacker，1991：220）

图中黑体部分表明突显的部分，其他被隐含。(a) 显示了“约翰用锤子打碎玻璃”这一基体内的全部内容，动作的整个过程均被突显。(b)“约翰用锤子打碎玻璃”为基体，“锤子打碎玻璃”的过程被突显，施事者“约翰”被隐含。(c) 则只突显了“玻璃碎了”这一结果，其他被隐含。出现这三种表达方式，不是由客观行为决定的，而是认知方式的不同。(a)、(b) 选择不同部分作为主语，从而不仅突出了整个动作中的不同的部分，也说明施事者（约翰）与受事者之间的关系，渐次表明了施事者意志的减弱。(c) 只表达了行为的结果（Langacker，1991：220）。

1.4.2 构式语法理论

构式语法理论来源于Lakoff的原型范畴和隐喻等理论、Fillmore等的框架语义学以及Langacker的认知语法的基本观点。Goldberg（1995）将构式定义为：

> C是一个构式当且仅当C是一个形式—意义的配对〈Fi, Si〉，且C的形式（Fi）或意义（Si）的某些方面不能从C的构成成分或其他先前已有的构式中得到完全预测。
>
> （Goldberg，1995；吴海波译，2007：4）①

这一定义中的“不可预测”受到了部分学者的质疑。其后，Goldberg（2011）删除了“不可预测”的论述，将构式定义为：

> *All levels of description are understood to involve pairings of form with semantic or discourse function.*（可以认为论文中描述的各层次的构式是形式与意义或形式与功能的配对体）.②
>
> （Goldberg，2011：4）

Goldberg（2011）将“构式 = 形式 + 意义”完善为“构式 = 形式 + 意义（或功能）”，该研究进一步指出，“功能”包括语用、语篇、认知等信息。从这一修补可见，象征单位的语义所包含的范围扩大了，不仅仅指语义，还包括语言的语用、语篇和认知方面的信息，意在扩

---

① Goldberg的构式语法理论主要记载于1995年的专著中，本书参考的是吴海波翻译、北京大学出版社（2007）年出版的中文译本。为避免引起不必要的误解，以此方式标注参考文献的出处。下同。

② 此处为笔者译。

大构式语法的解释力。

Goldberg（1995）的构式语法理论，归纳起来主要有以下几点内容：

①构式意义的客观体验性

Goldberg（1995）指出，构式的原型义就是把人类所经历的基本事件类型作为原型而构建出来，因此，语言的基本句型或基本构式所描写的事件场景，是人类经验的最基本组成部分，如：某人对某人做了某事，某事物移动了，某人使得某事物改变状态，某人经历某事，某人拥有某物等（Goldberg，1995；吴海波译，2007：64）。

②构式意义的独立性

Goldberg（1995）的研究对象和手段非常明确，先确立一个语法结构，然后归纳分析它的语义。构式并不是凭空确立的，抽象的构式是在典型的事件模型和动词的原型性用法中被提炼出来的。如英语双宾构式的原初意义是在典型给予类动词"give"等用法中逐步形成的。两个名词短语与"give"结合起来逐步被概括为一个抽象图式，典型动词义也随之被固化于构式之中，形成了双宾构式（Goldberg，1995；吴海波译，2007：138－149）。

③构式意义与动词意义的关系

Goldberg（1995）指出，构式本身具有独立的意义，构式中的动词也有自己的意义，语言表达反映了这两个意义的互动关系。一个特定表达形式的意义主要取决于构式义与动词义的整合（blending）① 运作。从参与者角色的角度来看，动词与构式之间的互动主要基于以下两个原则：语义连贯原则，即动词的参与者角色与构式的论元角色在

---

① "blending"也被译为融合，表示动词和构式的意义互动后两者能够融合在一起形成一个具体的表达形式。

语义上相兼容；对应原则，即动词所侧重（profile）[①] 的参与者角色必须能与构式所侧重的论元角色相熔合（fuse）[②]（Goldberg，1995；吴海波译，2007：47－48）。从动词意义与构式意义的具体内容来看，主要存在两种关系：具体例示和转喻关系。Goldberg（1995）描述了事件动词与事件构式之间存在的转喻关系是：事件动词表示事件构式的手段、结果、条件和方式（Goldberg，1995；吴海波译，2007：63－64）。

④构式内的关系及构式之间的关系

构式有中心成员和非中心成员之分，一个构式家族的中心成员是其原型用法，可从语义方面做出预测。而非中心成员，如同多义词一样，是基于中心成员通过隐喻转喻等认知机制扩展而来的，具有理据性（Goldberg，1995；吴海波译，2007：31－37）。

构式语法理论中，“传承（Inherit）”“传承网络（Inheritance Network）”等术语被用来指构式之间具有部分重叠表征的共性关系，可用来描写语言的概括性。Goldberg（1995）论述了构式之间所具有的四种传承性联接关系，即多义联接、实例联接、隐喻扩展联接、子部分联接（Goldberg，1995；吴海波译，2007：72－78）。

⑤构式中的压制

Goldberg（1995）认为，表达形式的具体含义取决于词汇义和构式义的互动。当动词语义和用法与构式不兼容时，构式往往占据主导

---

① “profile”有两种汉语译词。吴海波（2007）译为“侧重”，王寅（2011）译为“侧显”。王寅（2011）的译词表明其与认知语言学中的“突显”这一识解方式有关。本书引用的是 Goldberg（1995）、吴海波译（2007）这一文献，所以采用了吴海波（2007）的译词。下同。

② “fuse”和它的名词形式“fusion”有两种汉语译词。吴海波译（2007）将这一术语译为“熔合”，王寅（2011）译为“融合”。

地位，改变动词的用法类型或意义，这就是“构式压制（Construciton Coercion）”（Goldberg，1995；吴海波译，2007：52）。

Goldberg（1995）主要分析了构式对动词的压制，例如“致使-移动”构式。能用于这个构式中的动词应是及物动词，因为表示具有某种作用力的致使动词多为及物动词。但是，不及物动词也有可能用于这一构式中，例如：

（38）He sneezed the napkin off the table.

（Goldberg，1995；吴海波译，2007：52）

“sneeze”原为不及物动词，当将其置于“致使-移动”这一构式时，人们通过解读“致使移动”构式的意义，在两个事件之间建立起因果联系，获得例（38）的含义：他通过发出动作“打喷嚏”，对纸巾施加了一个力，结果使其产生移动，飘出了桌子（Goldberg，1995；吴海波译，2007：52）。不及物动词进入“致使-移动”构式是构式压制动词的结果。

1.4.3 “I”模式与“D”模式

Langacker（1991）认为识解是人的一种认知能力，是形成一个概念、语义和语言表达的具体方式，强调了人的主观因素，语义值与特定的解释方法密切相关，语义在本质上具有主观意象性（1991：15）。中村芳久（2004）提出了“I”模式（Interactional mode of cognition）和“D”模式（Displaced mode of cognition）的概念，指出日语和英语的认知模式的不同之处。该研究认为，日语表达倾向于“I”模式的认知模式，英语等西方语言倾向于“D”模式的认知模式。

中村芳久（2004）指出，“I”模式和“D”模式都是主观认知方式，但两者又有所区别，主要可从三个方面比较。这三个方面是：认知主体和认知对象的互动过程、认知主体利用自身的能力进行认知的过程、被认知主体识解的对象。

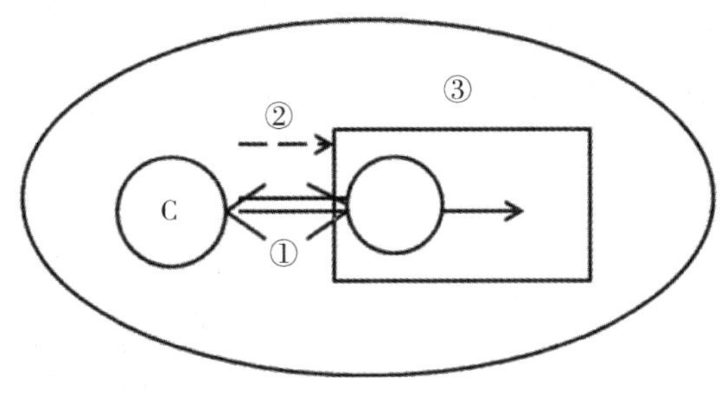

图 1.7　"I" 模式

外側の楕円：認知の場（domin of cognition）

C：認知主体（Conceptualizer）

①両向きの二重線矢印：インタラクション

②破線矢印：認知プロセス

③四角：認知プロセスによって捉えられる現象

（中村芳久，2004：36）

图 1.7 表示了 "I" 模式的认知模式。图中的椭圆表示 "认知的场"，椭圆内的两个圆表示认知主体（C）和对象，两个圆之间的双向双线箭头①表示二者之间的 "相互作用"。点线箭头②代表 "认知处理程序"，其指向处的、环绕对象的长方形③表示认知 "映像"[①]。图中①所显示的过程表明，认知主体和认知对象之间的互动是融合在一起、不可分离的，也可以说认知主体是位于舞台上，将自己看作舞台上的参与者与认知对象进行互动。这样的一种互动关系具有主观性。图中②所显示的过程表明，①所表示的互动过程中，认知对象如何被

① 图示的解释来自中村芳久（2008），具体内容可参看相关文献。

识解取决于认知主体的认知能力，包括总体扫描、顺序扫描、设置参照点能力、确定“射体—界标”的能力。这些是认知主体认知过程的主观性特点。图中③这一被识解的对象不是一种客观存在，而是认知主体主观性解读的客观对象，因此也具有主观性。可以说“I”模式中的三个方面都具有主观性（中村芳久，2004：35－36）。

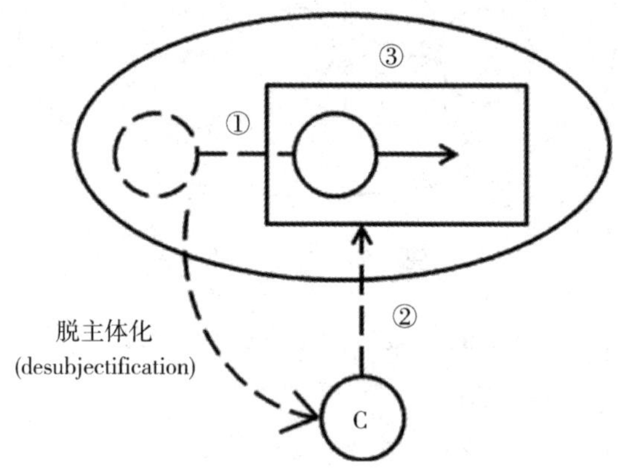

图 1.8　“D”模式

（中村芳久，2004：37）

图 1.8 表示了“D”模式的认知模型。“D”模式中，认知主体位于舞台下，所以图中①所显示的过程中，认知主体与认知对象之间不再是相互作用。图中②所表示的认知过程是主观性的，但认知主体忽略了这一主观性，将图中的③，即被认知的对象当作是一种独立于认知主体的客观存在，将自己放在了这一客观存在的对峙面。（中村芳久，2004：38－39）。

1.5　研究方法与语料来源

构式语法提出研究中要遵循“基于用法的模型”和“所见即所得”的分析思路，强调基于语言实际表达形式以归纳的方法来分析语言。本书采用同样的研究方法，将详细分析授受独立动词句和授受补助动词句的具体句法环境和运用情况，并基于这些句法环境提炼和归纳出它们的原型意义和主要用法。

文中语料主要出自 BCCWJ，即“日本語書き言葉均衡コーパス（オンライン版）”。一部分例句来自参考文献，一小部分例句来自《中日对译语料库（2003 版）》《中国日语学习者语料库》及网络，均注有出处。文中个别例句是对语料库或参考文献的例句的仿写，均经过日语母语者确认。

例句多标注记号，原则上说，授受独立动词句和授受补助动词句均标以下划线以方便阅读。需要引起注意的地方在例句中以波浪线来表示。为了行文需要，在不影响原句意义的基础上，个别例句作了删减。句中的“＊”表示该用法不成立，“?”表示该用例不自然，“#”表示在一定语境下该句有可能成立。来自参考文献的例句中的符号为原文所有，原文中某些例句以“○”表示该用法成立，“×”表示某种用法不成立，“#”表示在一定语境下该句有可能成立。

1.6 论文结构

本书基于构式语法的基本原理，以日语授受构式①为研究对象，以授受构式中的传递义和恩惠义为主线，分析授受构式的客观体验性、确定授受构式的传递与恩惠这两个概念并分析授受构式的语义扩展模式以及不同构式之间的关系。在此基础上，分析不同构式的原型和扩展用法。全文共分七章。第一章是授受句的研究综述以及对本书依据的理论进行简单介绍，并解释其中的概念。第二章分析授受构式的语义扩展模式。在隐喻、转喻以及“图形－背景”这些认知机制的作用下，授受补助动词构式原型意义中，物的传递这一语义背景化或物的传递、恩惠义进行扩展后，出现了四种典型表现形式。它们分别是物的传递恩惠型授受补助动词构式、非物的传递恩惠型授受补助动词构式、物的传递非恩惠型授受补助动词构式、非物的传递非恩惠型授受补助动词构式。第三章讨论授受独立动词构式的基本用法与扩展用法，描述论元角色的扩展用法中，ヤル构式和クレル构式、ヤル构式和モラウ构式之间的不对称性，并对其产生的原因进行探讨。第四章讨论物的传递恩惠型授受补助动词构式的原型用法和扩展用法，分析这类构式与动词的整合方式。对能够整合进入物的传递恩惠型授受补助动词构式的动词进行分类。第五章讨论非物的传递恩惠型授受补助动词构式。描写非物的传递恩惠型授受补助动词构式的典型用法，

① 本书基于构式语法的理论对授受句的语义扩展进行讨论，所以按照构式语法的术语，将“授受構文”这一研究对象称为授受构式。提到现有研究成果时使用授受句，讨论本书的观点时使用授受构式。下同。

分析这类构式与动词的整合方式，讨论非物的传递恩惠型授受补助动词构式的能产性。第六章讨论非恩惠型授受补助动词构式。非恩惠型授受补助动词构式分为物的传递非恩惠型授受补助动词构式和非物的传递非恩惠型授受补助动词构式。论述这两类构式的具体表现，尝试分析这两类构式中的非恩惠义产生的动因，讨论这两类构式与物的传递恩惠型授受补助动词构式的传承关系。第七章总结全文的观点和结论，并对今后的研究方向进行说明。

第二章　授受构式的语义扩展模式

日语授受构式包括授受独立动词构式和授受补助动词构式，并且各个构式内部又分为（テ）ヤル、（テ）クレル、（テ）モラウ三个系列，每个系列可以表达并衍生出各种各样的意义，从而构成了授受构式这一庞大的表达体系。这一体系中各种构式的意义是如何产生的？它们之间是一种怎样的关系？本章主要围绕这两个问题对授受构式的内部结构及语义扩展进行系统阐述。

授受构式直接标示了人类经验的典型传递事件。典型传递事件的概念结构可表示为“X CAUSES Y TO RECEIVE Z”（Goldberg，1995；吴海波译，2007：52），这一概念结构在日语中表现为授受独立动词构式。尽管授受独立动词有ヤル、クレル、モラウ这三个系列的表达形式，但是它们都表示给予者有意给予一定的能量使传递物移动至接受者处、接受者最终获得传递物的过程。这就是授受独立动词构式的意象图式（Schema）。在这一意象图式下，构式内部的某些要素受隐喻和转喻机制的作用，又有了原型（Prototype）意义向边缘意义的语义扩展。

在授受独立动词构式内部要素语义扩展的同时，在“物的传递→事件的传递”这一隐喻机制作用下，构式整体也发生扩展，衍生出授受补助动词构式。原型范畴理论认为，范畴是以原型成员为中心，通过家族相似性不断扩展的。词义有这样的特点，构式也有这样的特点（Goldberg，1995；吴海波译，2007：31－33）。授受补助动词构式意义的多样性是授受补助动词构式内部要素相对独立的语义扩展以及和构式本身的语义相互影响、制约后产生的结果。这其中，隐喻和转喻以及“图形－背景”等认知机制发挥了重要作用。隐喻即用一个相似的概念来表达另一个概念，一般是从现实的、具体的领域向抽象的领域扩展；转喻是用一个相关概念来指称另一个概念，常见的有局部指称整体等（王寅，2006：138）。隐喻和转喻的作用主要体现在授受补助动词构式的论元角色（Argument Roles）① 及与论元角色相关的各要素的扩展上。图形－背景认知机制中的图形即某一认知概念中突出的部分，背景即为突出图形而衬托的部分（赵艳芳，2001：148）。它的作用主要体现在原型意义中物的传递和恩惠义的扩展以及物的传递这一语义的背景化上。

通过上面的讨论可知，授受构式形式的多样性、内部众多要素相对独立的扩展、多种认知机制的交叉作用、句式与词义的相互影响等等因素，造成了授受构式的复杂性。

根据上述观点，下面将具体分析授受独立动词构式的语义特征和原型用法，讨论授受独立动词构式的论元角色及相关要素的扩展情况，分析授受补助动词构式的扩展过程以及授受补助动词构式的扩展情况，以此尝试建立授受构式的语义扩展模式。

---

① 构式的论元角色这一术语类似于传统语法中的论元。

2.1 授受独立动词构式的语义特征与原型用法

日语表达中，“X CAUSES Y TO RECEIVE Z”这一概念结构被动词化时有两种模式，一种是“D”模式，产生了表示传递义的“XはYにZをV”这类构式，如“王はおれにこの領地を与えた”。一种是“I”模式，日语表达更倾向于这一模式。“I”模式下，认知主体与传递事件的给予者和接受者有且仅有三种组合，最终出现了三个系列的授受独立动词构式（陈访泽、杨柳，2011：58）。例如：

（1）a. AGN = C　　　（AGN：Agent　　C：Conceptualizer）

　　b. RE = C　　　（RE：Recipient）

　　c. SUBJ = RE = C①　　（SUBJ：Subject）

例（1）a 表示认知主体（C）的观察视点位于施事（AGN）处。此时，认知主体的顺序扫描是施事（己方）施以力量致使物体移动，物体到达接受者（RE）处，形成了“XはYにZをやる”这一构式。例（1）b 表示认知主体（C）的观察视点位于接受者（RE）处。此时，认知主体的顺序扫描应为施事致使物体移动，物体到达接受者（己方），形成了“XはYにZをくれる”这一构式。例（1）c 表示认知主体（C）的观察视点位于接受者（RE）处。认知主体的观察视点位于接受者且是主语（SUBJ）时，认知主体的顺序扫描为传递物从给

① 本书修改了陈访泽、杨柳（2011）的部分术语。陈访泽、杨柳（2011）将认知主体（Conceptualizer）视为感知者（Experience），这两者其实并不完全相同，这里仍使用认知主体这一术语。该研究认为 Agent 为施动者，本书称为统一称为施事。

予者处到达己方的过程，形成了“XはYに/からZをもらう”这一构式。

典型传递事件的给予者和接受者是特定的、个体的人。典型的传递物是可以触摸到的、有形的物体。典型的传递过程是有意的、完全的、完成的，即表示给予者有意给予一定的能量使传递物移动至接受者处，接受者获得传递物的过程。因此，授受独立动词构式的论元角色——给予者、传递物、接受者的原型来自典型传递事件。其中，给予者的原型是生命体，传递物的原型是具体的、有形的物体，接受者的原型是生命体。例如：

（2）a. わたしは友達に本をやった。

b. 友達はわたしに本をくれた。

c. わたしは友達に本をもらった。

例（2）a 中的给予者“わたし”和接受者“友達”是生命体，传递物“本”是具体、有形的物体。例（2）b、c 中的给予者“友達”和接受者“わたし”是生命体，传递物“本”是具体的、有形的物体。

授受独立动词构式中，这三个论元角色的原型来源于典型传递事件，与此同时，与这三个论元角色有关的要素，如传递物的移动、给予者和传递物的关系、接受者和传递物的关系等也具有原型用法，也来自典型传递事件。

授受独立动词构式的原型用法中，传递物的移动主要指物体的转移（包含所有权的转移），或只是物体的所有权发生了转移这两种情况。例如：

（3）太郎は次郎にノートをやった。 （BCCWJ）

例（3）的传递物“ノート”从太郎转移到次郎处，“ノート”

的所有权也从太郎转移到次郎。

如果物体的所有权没有转移，无论该物体是否发生了移动，授受独立动词构式一般不能成立。例如：

（4）友達に貸す約束をしていた本を学校で（×あげた/○渡した）。

（庵功雄他，2002：160）

例（4）中的物体“本”从说话人处移动到了朋友处。这本书是我借给朋友的，书的所有权没有转移，该句不能使用“あげる”。

授受独立动词构式中，传递行为完成后，传递物的移动应包含物体所有权的转移。既然传递行为包含物体所有权的转移，那么原型用法中给予者、接受者和传递物之间的关系可以这样描述为：传递前，给予者领属传递物；传递后，领属权关系从给予者转移至接受者，如例（2）。

完整地实施了传递行为就是实现了传递物所有权的转移，其结果是接受者受益，这一行为具有恩惠义（益岡隆志，2001；山田敏弘，2004）。原型用法中，（物体的）传递行为有利于某人主要表现为传递物是某种令人满意的物体，有利于某人的物体，即传递物具有积极意义①。如果传递物是某种不好的物体、令人不满意的物体，即传递物具有消极意义时，授受独立动词构式不能成立。例如：

（5）*太郎は花子に毒薬をくれた。　（部田和美，2009：36）

例（5）中的“毒薬”是一种不好的物体，这类物体的给予和获得不能用授受独立动词构式来表示。

---

① 益岡隆志（2001）将传递物的这种性质称为“好ましい”。为了行文方便，本书将物体的“好ましい”性质称为积极意义，将物体的“好ましくない”这一性质称为消极意义。分析具体表达形式时再具体情况具体对待。下同。

授受独立动词构式表示恩惠义，是指原型用法中，构式表示的传递行为有利于某人。如果传递行为具有中立性，即该行为不表示有利于某人时，不能使用授受独立动词。例如：

(6)？駅前で道行く人にチラシをあげる。

（新屋映子他，2000：41）

例（6）中，向行人发放广告宣传单是说话人的工作，这一行为并未给对方带来某种恩惠，此时不能使用“あげる”。例（6）不能成立也可以说明授受独立动词构式突显恩惠义。

通过上面的讨论可知，授受独立动词构式突显传递义和恩惠义。授受独立动词构式的论元角色有给予者、接受者、传递物。授受独立动词构式所表示的（物体的）传递义涉及这三个论元角色以及与它们相关的诸多要素。授受独立动词构式的原型用法中，给予者和接受者是生命体，传递物是具体的、有形的物体。传递前，给予者领属传递物；传递后，物体的所有权转移到接受者身上，接受者领属传递物。授受独立动词构式的恩惠义是指传递行为具有有利于某人的含义，这一含义与传递物的意义属性①这一要素有关。这一结论，可如表 2.1 所示。

① 传递物的意义属性不仅与这一物体的意义属性有关，还与定语的意义属性有关，本书将传递物和其定语当作一个短语来分析，定语的意义属性归在传递物的意义属性之内。例如“苦い薬”，可认为这一传递物具有消极意义。

表 2.1　授受独立动词构式论元角色的原型用法

<table>
<tr><th>授受独立动词构式的论元角色</th><th>原型用法</th><th>相关语义</th></tr>
<tr><td rowspan="2">［给予者］</td><td>生命体</td><td rowspan="6">传递义</td></tr>
<tr><td>传递前，给予者领属传递物</td></tr>
<tr><td rowspan="2">［接受者］</td><td>生命体</td></tr>
<tr><td>传递后，接受者领属传递物</td></tr>
<tr><td rowspan="3">［传递物］</td><td>具体的、有形的物体</td></tr>
<tr><td>物体的转移（包括所有权的转移）</td></tr>
<tr><td>具有积极意义</td><td>恩惠义</td></tr>
</table>

2.2　授受独立动词构式的论元角色及相关要素的扩展

授受独立动词构式的论元角色及相关要素可称为授受独立动词构式从原型用法到边缘用法的扩展过程中的变量。下面主要分析每一个单一变量的扩展情况。

①给予者由生命体扩展为非生命体

给予者的原型用法是生命体，它可以扩展为机构、组织，也可以扩展为非生命体。例如：

（7）イトーヨーカ堂のネットスーパーに注文したら発泡酒の試飲缶をくれました。①　(BCCWJ)

① ヤル、クレル、モラウ构式的论元角色以及与它们有关的各个因素的扩展呈现出不同的状况，相关内容将在第三章讨论。

（8）今年22で、今年から学生支援機構から奨学金をもらっていますよ。

（同上）

例（7）的给予者是“イトーヨーカ堂のネットスーパー”。例（8）的给予者是“学生支援機構”。这两个例句中的给予者是机构、组织。由于这些机构、组织都是人为设置的，人们自然地把属于人类的某些性质延伸到它们身上。在常规转喻的作用下，给予者由生命体扩展为机构、组织。

（9）好きな物、おいしい物を前にたくさんの笑顔を見た富良野路。明日もがんばるぞと勇気をもらった気分だ。（BCCWJ）

（10）いつの時代にも、多くの名曲が私たちに明日を生きる勇気や希望をくれました。（同上）

例（9）中，说话人在旅游胜地“富良野”旅游时，一路看到的情景让说话人获得了某种勇气，这个句子的给予者是非生命体。例（10）中的给予者是“名曲”，是一个无形的、抽象化的事物。在隐喻机制的作用下，授受补助动词构式中的给予者从生命体扩展为非生命体。

②接受者由生命体扩展为非生命体

接受者的扩展情况与给予者一样。接受者的原型用法是生命体，它可以扩展为机构、组织，也可以扩展为非生命体，非生命体是这一变量的边缘用法。例如：

（11）「本部に電話をくれたのはあなたですよね。」（BCCWJ）

（12）知人が家に来て、庭の木に上から水をやりました。

（同上）

例（11）中的接受者是“本部”，接受者从生命体扩展为机构、组织。例（12）中的接受者是“庭の木”，接受者从生命体扩展为非生命体。

③传递物由具体到抽象

传递物的原型用法是具体的、有形的物体，它可以扩展为抽象事物，抽象事物的抽象程度会有所不同。例如：

（13）もうだめだと絶望しかけたとき、会社を経営している友人がアドバイスをくれた。（BCCWJ）

（14）…言葉遣いは、長年育ってきた過程で日々身についたものだから、そんなに簡単には変わりません。ただ、あなたが許せるなら彼にチャンスをあげてもいいかも。

（同上）

例（13）中的传递物是“アドバイス”，例（14）中的传递物是“チャンス”，这两个传递物都是抽象事物。例（13）的“アドバイス”是以话语为载体的信息，与例（14）的“チャンス”相比，仍具有一定的能够感知的外在形式。

④物体的转移由物体＋所有权的转移扩展为物体不转移、所有权发生转移

原型用法中，传递物的转移是指具体物体的转移（包括所有权的转移），这一要素可以扩展为物体不转移，只有物体的所有权发生了转移。例如：

（15）「静、おれが死んだらこの家を御前にやろう。」（BCCWJ）

例（15）中的传递物是“家”，这一物体不能从给予者处转移到接受者处，传递中是“家”这一物体的所有权发生了转移。

⑤传递物由领属到自由支配

授受独立动词构式的原型用法中，传递前，给予者领属传递物；

传递后，物体的所有权转移到接受者身上，接受者领属传递物。在语境这一外部动因的作用下，这两个领属关系可以扩展为自由支配关系。例如：

（16）太郎はそこに置いてあった傘を花子にやった。[①]

例（16）中的传递物“傘”并不属于太郎，只是在传递之前，传递物“傘”可由“太郎”自由支配。所以扩展用法中，给予者与传递物的关系是传递前给予者可以自由支配传递物。同理，接受者和传递物的关系也会从领属关系扩展为自由支配关系。例（16）中，传递物“傘”可能是饭店（或其他机构）放置在某处，供市民在雨天借用的伞。太郎将这样的伞给了花子，并不是说这把伞为花子所有，而是此时花子获得了自由支配权。

（17）＊太郎は教室で、家に置き忘れてきたノートを花子にやった。

例（17）不能成立就是因为忘在家里的笔记本不能在传递前由给予者自由支配。寺村秀夫（1982）曾指出，传递物与给予者的关系是“自分の所有するもの、ないし自分に属するもの、自分の支配下にあるもの”（寺村秀夫，1982：133）。原型用法中，传递前，给予者领属传递物；传递后，接受者领属传递物。在隐喻机制的作用下，给予者和传递物、接受者和传递物的关系扩展为：传递前，给予者自由支配传递物；传递后，接受者自由支配传递物。

传递物扩展为某些抽象事物时，给予者和传递物、接受者和传递物的关系也相应扩展。例（13）中的传递物“アドバイス”是信息类抽象事物。当传递物是这类抽象事物时，可以认为传递前，给予者领

① 例（15）是日语母语者自造的例句。例（16）同例（15）。

属传递物；传递后，接受者领属传递物。例（14）中的传递物是“チャンス”。传递前，不是给予者领属传递物“チャンス”，而是给予者具有某种权限。给予者给予的过程不是抽象事物转移的过程，而是给予者将这一权限赋予接受者，接受者由此获得了某种机会。可以认为例（14）中的给予者和传递物、接受者和传递物的关系扩展为自由支配关系。

⑥传递物由具有积极意义到具有消极意义

授受独立动词构式具有恩惠义，构式表示的传递行为会有利于某人。行为有利于某人在原型用法中表现为传递物具有积极意义。在语境等外部因素的作用下，传递物可扩展为具有消极意义，不过构式表示的传递行为仍有利于某人。例如：

（18）一部の学生に不可をやった。それで、彼らは自分の不足に気がついた①。

例（18）中的“不可をやる”这一行为具有有利于学生的含义。也就是说，只要构式表示的传递行为有利于某人，构式的恩惠义能够得以突显，传递物可由具有积极意义扩展为具有消极意义。

通过上述讨论可知，授受独立动词构式的具体表达形式中，论元角色及相关要素都有可能出现扩展。本书只是考察了这些因素作为单个变量的扩展情况。语言表达的实际运用中，这些变量有时会同时扩展，有时只是其中的一个或几个进行了扩展。例如：

（19）あなたが送ってくれたたくさんの葉書が、あたしにたくさんの元気をくれました。ほんとにどうもありがとう。

（BCCWJ）

---

① 例（17）是在益岡隆志（2001）的例句“一部の学生に不可をやった”的基础上，根据益岡隆志（2001）的说明形成的，该例句经过日语母语者的确认。

例（19）中，给予者是“葉書”，传递物“元気”是抽象事物。给予者从生命体扩展为非生命体，传递物从具体的、有形的物体扩展为抽象事物，这两个变量出现了扩展。同时，给予者和传递物的关系也由原型用法中的领属关系扩展为给予者与传递物不具有领属关系，接受者和传递物的关系由原型用法中的领属关系扩展为接受者受到给予物的影响而产生了抽象物所表示的某种能量，这一变量也出现了扩展用法。这些可变因素的交叉组合，构成了授受独立动词构式语义的多样化表现。限于篇幅，本书不一一介绍其交叉组合的方式和数量。

授受独立动词构式的论元角色及相关要素都有可能发生扩展，只分析单个变量的扩展过程，可用表 2.2 总结如下。

表 2.2　授受独立动词构式的论元角色及相关要素的原型用法与扩展用法

授受独立动词构式的论元角色	原型用法	扩展用法	相关语义
［给予者］	生命体	机构、组织；非生命体	传递义
	传递前，给予者领属传递物	传递前，给予者自由支配传递物	
［接受者］	生命体	机构、组织；非生命体	
	传递后，接受者领属传递物	传递后，接受者自由支配传递物	
［传递物］	具体的、有形的物体	抽象事物	
	物体的转移（包括所有权的转移）	物体不转移，所有权转移	
	具有积极意义	具有消极意义	恩惠义

表 2.2 表明，给予者和接受者的扩展过程是从生命体扩展为机构、组织，并进一步扩展为非生命体。传递物的扩展过程是从具体的、有形的物体扩展为抽象事物。其中，抽象事物在抽象程度上会有所区别。

例如“アドバイス”等信息类抽象事物，它可能是以某一物体（不一定是具体的、有形的物体）为载体。“元気”等抽象事物既不具备某种形状，也无法触摸到，只能凭借人们的感知来体会。给予者和传递物、接受者和传递物的关系可以从领属关系扩展为自由支配关系。授受独立动词构式的原型用法中，传递物的转移是指物体的移动并包括物体所有权的移动。扩展用法中，物体不转移，物体的所有权发生转移。传递物扩展为抽象事物后，给予者和传递物之间的关系不宜称作领属关系，但是可以将扩展用法中给予者对传递物的自由支配权转移至接受者处，或者由于给予者的作用或影响，接受者获得某种抽象事物的过程看作是所有权的转移的某种扩展方式。

授受独立动词构式的原型用法中，构式的恩惠义体现在传递物需表示积极意义。扩展用法中，传递物可扩展为表示消极意义。但是，（物体的）传递行为仍表示恩惠义。

2.3 授受独立动词构式向授受补助动词构式的扩展

现有研究中，很多学者都论述过授受独立动词构式与授受补助动词构式的关系。上野田鶴子（1978）认为授受独立动词句表示物体的授受、授受补助动词句表示事件的授受。由井紀久子（1997）指出，例（22）中的授受补助动词句是由例（20）中的授受独立动词句转换而来，两者的转换过程可用例（21）来表示。

（20）a. 僕がお前に［春物のワンピースを］やった。

b. おじいちゃんが僕に［ランドセルを］くれた。

c. 私が友達に［アルバムを］もらった。

（由井紀久子，1997：20）

（21）a. 僕がお前に［僕がお前に春物のワンピースを買う］s やった。

b. おじいちゃんが僕に［おじいちゃんが僕にランドセルを買う］s くれた。

c. 私が友達に［友達が私にアルバムを買う］s もらった。

（由井紀久子，1997：20）

（22）a. 僕がお前に春物のワンピースを買ってやった。

b. おじいちゃんが僕にランドセルを買ってくれた。

c. 私が友達にアルバムを買ってもらった。①

由井紀久子（1997）指出，将授受独立动词句的［Thing］转换为［Event］，授受独立动词句相应地转换为授受补助动词句。所以，授受独立动词句表示物体的授受，授受补助动词句表示事件的授受。例（20）（22）结构上有一定的联系性，但意义有所不同。

上野田鶴子（1978）指出授受独立动词句表示物体的授受、授受补助动词句表示事件的授受，归纳了这两个句式的意义。由井紀久子（1997）从句式转换的角度论述了授受独立动词句到授受补助动词句的转换过程。将授受独立动词句的［Thing］转换为［Event］，可形成授受补助动词句，这些观点清晰地体现了授受独立动词句与授受补助动词句的联系性。

按照认知语言学的观点，这样的转换过程就是授受独立动词语法化为授受补助动词的过程，其中的认知机制就是隐喻。人类对物体的经验为我们将抽象的概念表达理解为"实体"提供了物质基础，这就是实体隐喻（Ontological Metaphor）。在这类隐喻概念中，人们将抽象

① 由井紀久子（1997）的研究没有再例举转换后的授受补助动词句。为了方便阅读，本书将转换后的授受补助动词句以例（21）的形式表现出来。

的和模糊的思想、感情、心理活动、事件、状态等无形的概念看做是具体的、有形的实体（赵艳芳，2001：109）。授受独立动词构式扩展为授受补助动词构式的过程就是认知主体有意把指向他人的动作理解为转移给这个人的实体的过程。这一隐喻扩展具备 Lakoff（1987）所提出的“不变原则（Invariance Principle）这一特征。所谓不变原则，就是在与目标域的内在结构保持一致的前提下，保留源域的认知布局，即意象图式结构。例如，如果源域是个容器图式结构，容器的内部将映射到目标域的内部上，外部映射到目标域的外部上，边缘映射到目标域的边缘上（转引自王寅，2011［下］：54－55）。授受独立动词构式隐喻扩展为授受补助动词构式后形成的具体表达形式，其句法结构与授受独立动词构式的句法结构基本一致，如例（22）。这类授受补助动词构式的意义和结构传承自授受独立动词构式，构式的语义应来自授受独立动词构式，例（22）这类授受补助动词构式表示物的传递和恩惠义。

授受补助动词构式的具体表现形式并不是如此单一，高見健一・加藤鉱三（2003b）指出，有些授受补助动词句不表示物的传递这一含义。例如：

（23）a. 太郎が花子にお金を渡してやった。

b. 太郎が買い物に行ってやった。

（高見健一・加藤鉱三，2003b：98）

例（23）a 的结构与授受独立动词构式相似，句子可以表示物的传递这一含义，“花子”是传递行为的受益者。可以认为例（23）a 是传承自授受独立动词构式的授受补助动词构式。例（23）b 的结构与授受独立动词构式不一致，句子不表示物的传递这一含义。句子表示某人是“太郎が行く”这一行为的受益者。例（23）a、b 说明，授受补助动词构式还会继续扩展，最终会出现结构、意义不同的表达形式。由此可知，授受构式的扩展是分两个层次进行的。授受独立动词构式向授受补助动词构式的扩展是一个层次，授受补助动词构式的扩展属于另一个层次。

2.4 授受补助动词构式的语义扩展

授受补助动词构式的扩展，是以原型用法为基础进行的。通过2.3的讨论可知，表示物的传递和恩惠义的授受补助动词构式是授受补助动词构式继续扩展时的原型用法。授受补助动词构式的扩展，有两种扩展方式。一是授受补助动词构式的语义，即传递义和恩惠义的扩展。二是授受补助动词构式的论元角色及相关要素从原型用法到边缘用法的扩展。这两种扩展不是独立地按照各自的扩展方向进行，而是交织在一起同时进行。交叉组合扩展的情况较复杂，本书不再一一介绍其组合模式，在后续章节中会讨论扩展后的实际表达形式。另外，授受补助动词构式的论元角色及相关要素从原型用法到边缘用法的扩展与授受独立动词构式的论元角色的扩展模式也大致相同，因此不再赘述。

授受补助动词构式的扩展，是传递义和恩惠义组合起来进行的，可能是其中的一个语义扩展，也可能是两个语义同时扩展。下面就根据可能有的组合方式来分析授受补助动词构式的语义扩展模式。

兼具物的传递和恩惠的授受补助动词构式是授受补助动词构式的原型用法，其具体表达形式的用法如下例所示。

(24) …しかも私は金遣いには厳しいほうだから、娘たちにせ

いぜい三ドルずつ渡してやった。（BCCWJ）

例（24）表示我给了每个女儿三美元。这个句子表示将某物传递给某人的含义，且这一传递行为有益于接受者。例（24）既表示物的传递这一语义，又表示恩惠义。

授受补助动词构式从例（24）所表示的原型用法出发，其语义扩展主要表现为以下三种情况。

①传递义[①]背景化、恩惠义突显或传递义扩展、恩惠义不扩展

授受补助动词构式的原型用法既表示物的传递也表示恩惠义。原型用法中物的传递这一语义扩展时，并不是一蹴而就扩展为非物的传递，而是首先表现为物的传递这一语义的背景化。所谓物的传递这一语义的背景化，就是构式中包含有物的传递这一语义，但这一语义不是构式突显的语义，而是成为构式突显的恩惠义的背景。例如：

（25）私は友達から絵を買ってやった。

例（25）中，说话人买画后获得了该物体，说话人是画的接受者。句中包含有将某物传递给某人的含义。但是，例（25）要表达的意思是说话人为了朋友买了他的画。这个句子中，朋友受益才是句子突显的语义。之所以可以这样分析，是因为句中包含的传递的方向与构式所表示的方向不一致。例（25）中的传递指画从朋友处转移至说话人处，这是内向性的传递。テヤル构式表示外向性的传递或给予恩惠。如果句子突显物的传递这一含义，画应从说话人处转移至朋友处。从传递的方向来看，传递物移动的方向与构式的传递方向不一致。买画是给予了朋友某种利益，从恩惠义来看，这一恩惠的方向与构式的方向一致。所以恩惠义才是这一构式突显的语义。例（25）这类授受

---

① 传递义即“物的传递”。为了简洁，本小节内的小标题以“传递义”表示“物的传递”这一语义。下同。

补助动词构式具有恩惠义，物的传递不是构式突显的语义。换言之，就是这类构式突显恩惠义，物的传递这一语义背景化。

物的传递这一语义背景化时，还会出现下例这类表达形式。例如：

（26）私は娘を褒めてやった。

例（26）中，“褒める”这一动词表示施动者实施了表扬这一行为，动词的概念突显了受事获益这一结果。“褒める”这一行为可能是通过语言的传递实施的，也可能是通过其他方式施事的，也就是说“褒める”的语义框架中包含有物的传递。例（26）中，“褒める”构成的授受补助动词构式虽然包含有将话语传递给某人的含义，但是构式的句法结构和意义只表示“娘”受益这一结果。因此，物的传递这一含义包含在动词的框架语义中，构式突显的语义是恩惠义。可以认为例（26）这类构式突显恩惠义，物的传递这一语义背景化。

构式中物的传递这一语义扩展，最终只表示事件的传递，同时构式的恩惠义不扩展，就会出现下例这种表达形式。

（27）「痛いじゃないの。大丈夫よ、そんなに強く引っ張らなくても…今日は駄目だけど、明日にでも一緒に行ってあげるから」桐子は何を誤解したのか、そんなことを言ったのだった。（BCCWJ）

例（27）表示说话人和听话人一起去某地，该行为使听话人受益。句子不具有将物体传递给某人的含义，只表示该行为有益于听话人。例（27）突显了施事的行为有益于受益者这一恩惠义，句子不表示物的传递这一语义。

②传递义不扩展，恩惠义扩展

如果构式中的物的传递这一语义不扩展，只有恩惠义发生扩展，那么授受补助动词构式可以扩展为行为具有中立义，也就是构式中的行为既不会使某一生命体受益，也不会使某一生命体受损。例如：

（28）乾いてきたら上から（オアシスという保水材に）お水をしみこませてあげてね。（村田美穂子 1994：79）

例（28）中，听话人将水渗入到插花中用以保持水分的材料上。这个句子可以表示物的传递，传递的接受者是非生命体。句子还表示将水渗入到用以保持水分的材料上，改变了事态的状况，这一语义可称为“改变事态”（山田敏弘，2001d）。例（28）中不存在传递行为的受益者（某一生命体），句子表示中立义。例（28）这类授受补助动词构式既表示物的传递，又表示中立义。

如果传递义不扩展，恩惠义继续扩展，构式中的行为具有不利于某一生命体这一含义。例如：

（29）あの嫌いな奴に不幸の手紙を送りつけてやった。

（高見健一・加藤鉱三，2003c：105）

例（29）表示说话人有意给某个令人讨厌的家伙寄了一封让其感到不幸的信。这个句子存在物的传递过程，具备给予者、接受者、传递物这三个要素。物的传递这一行为不是有利于某人，而是使某人受损。例（29）既表示物的传递，又表示不利义。

③传递义、恩惠义同时扩展

例（27）-（29）中，传递义和恩惠义中只有一个意义发生了扩展。如果两个意义都发生扩展，物的传递扩展为非物的传递，构式中的行为具有中立义，这样的授受补助动词构式可如下例所示。

（30）肌の新陳代謝を良くしてあげればほんとうに恐れることは無いですよ。

（BCCWJ）

例（30）中，“肌の新陳代謝を良くする”这一行为不表示物的

传递。同时，构式表示“改变事态”这一语义。可以认为例（30）这类构式不表示物的传递，只表示中立义。

如果物的传递扩展为非物的传递，构式中的行为表示不利于某一生命体时，授受补助动词构式的具体表达形式如下例所示。

（31）彼を困らせてやろうと思い、屋根に登っている間に梯子をはずしてやった。

（高見健一・加藤鉱三，2003c：107）

例（31）表示说话人给“彼”制造麻烦，在“彼”上房顶的时候把梯子撤掉了。这个句子不具有将物体传递给某人的含义，只表示该行为使“彼”受损。例（31）突显了施事的行为不利于某人这一不利义，句子不表示物的传递。

通过上述讨论可知，例（24）是授受补助动词构式的原型用法，这一构式分别以传递义背景化、恩惠义不扩展的方式，传递义扩展、恩惠义不扩展的方式，传递义不扩展、恩惠义扩展的方式，传递义与恩惠义都扩展的方式经历了如例（25）–（31）所表示的扩展过程。它们是授受补助动词构式扩展中比较典型的具体表达形式，归纳起来可分为以下四种类型：一是构式既表示物的传递这一含义，又表示恩惠义，如例（24）。这类授受补助动词构式可称为物的传递恩惠型授受补助动词构式。二是构式中包含物的传递过程，或者动词的语义框架中包含物的传递这一含义，但是构式突显恩惠义，物的传递这一含义背景化，如例（25）、（26）；或者构式中不包含物的传递这一语义，构式突显恩惠义，如例（27）。这三个具体表达形式都只突显恩惠义，可归为一类。这类授受补助动词构式可称为非物的传递恩惠型授受补助动词构式。三是构式表示物的传递这一含义，构式中的行为具有中立义或者不利于某一生命体这一含义，如例（28）、（29）。将中立义和不利义看作是非恩惠义，这两个句子可归为一类。这类授受补助动词构式可称为物的传递非恩惠型授受补助动词构式。四是构式不表示物的传递，构式中的行为表示中立义或不利于某一生命体，如例(30)、(31)。同样将中立义和不利义看作是非恩惠义，这两个句子可归为一类。这类授受补助动词构式可称为非物的传递非恩惠型授受补助动词构式。可以说，授受补助动词扩展中的四种典型表现形式就是物的传递恩惠型授受补助动词构式、非物的传递恩惠型授受补助动词构式、物的传递非恩惠型授受补助动词构式、非物的传递非恩惠型授受补助动词构式。

2.5 小结

传递事件在日语中体现为授受独立动词构式，授受独立动词构式突显物的传递和恩惠义。授受构式的扩展主要经历了两个不同层次的扩展。授受独立动词构式扩展为授受补助动词构式，构式的意义从物体的传递扩展为事件的传递。授受补助动词构式的原型用法来自授受独立动词构式，也突显物的传递和恩惠义。以原型用法为基础，授受补助动词构式继续扩展。传递义和恩惠义单独或同时扩展，可表现为四种典型的授受补助动词构式。它们分别是：物的传递恩惠型授受补助动词构式、非物的传递恩惠型授受补助动词构式、物的传递非恩惠型授受补助动词构式、非物的传递非恩惠型授受补助动词构式。这一扩展模式可以用图 2. 1 表示。

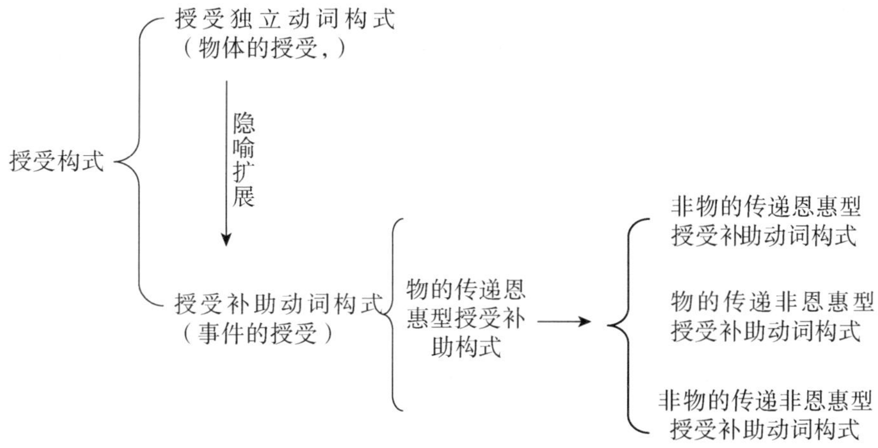

图 2.1 授受构式的语义扩展模式

图 2.1 是根据授受补助动词原型用法中的传递义与恩惠义单独或组合扩展的情况作出的理论分析，通过对语料的分析，授受补助动词构式中非物的传递非恩惠型授受补助动词构式还有可能是从非物的传递恩惠型授受补助动词构式扩展而来，如例（31）所示。详细内容将在第七章讨论并进行总结。

授受独立动词构式、授受补助动词构式的论元角色及相关要素的用法也会发生扩展。其中，给予者和接受者可由生命体扩展为机构、组织，再扩展为非生命体。传递物可以从具体的、有形的物体扩展为抽象事物等。论元角色及与相关要素可以看成是扩展中的变量，具体表达形式中不仅会出现单个变量发生扩展的情况，还会出现多个变量交叉组合进行扩展的情况。正是由于授受构式的扩展较复杂，授受构式的具体表现形式才会多种多样，复杂多变。

第三章　授受独立动词构式

授受独立动词构式的概念结构是"X CAUSES Y TO RECEIVE Z"，句中有三个论元角色，即给予者、接受者、传递物。传递物由给予者实施传递动作后最终到达接受者，这一传递过程应包含"给物""送人""获物"三个方面（王寅，2011［下］：115）。授受独立动词构式分为ヤル、クレル、モラウ这三个系列，ヤル、クレル、モラウ构式的原型以及扩展用法表现出不同之处。本章在描绘ヤル、クレル、モラウ构式的认知图式的基础上，着重分析ヤル、クレル、モラウ构式的给予者、接受者、传递物的原型用法、扩展用法以及ヤル、クレル、モラウ构式的论元角色在扩展用法上的不一致性。

3.1　论元角色的原型用法和扩展用法

授受独立动词构式的原型用法与"I"模式这一认知模式密切相关，正是因为认知主体参与到事态中，使得ヤル、クレル、モラウ构式分别突显了传递过程的不同方面，以及传递的特定方向。

3.1.1　ヤル构式

“XはYにZをやる”表示给予者 X（认知主体或认知主体一方[①]）有意致使传递物 Z 转移至接受者 Y 处，这一构式突显“给物”和“送人”这两个方面。下面以中村芳久（2004）的描绘为基础，形成图 3.1 用来表示ヤル构式的认知图式。

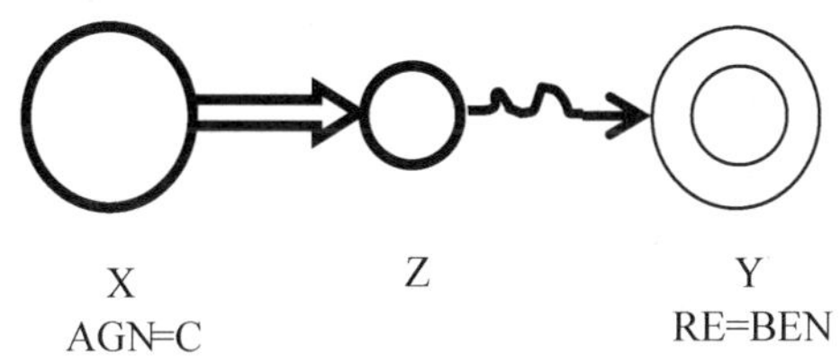

图 3.1　“XはYにZをやる”的认知图式②

X：给予者　　Y：接受者　　Z：传递物　　C：Conceptualizer，认知主体

AGN：Agent，施事　　RE：Recipient，接受者　　BEN：Beneficiay，受益者

如图所示，“给物”可用动作链表示，施事（即给予者 X）实施了一个传递动作，其能量直接作用到物体 Z 上，图 3.1 中以表示施事的大圆圈及双线箭头表示。施事的能量作用到传递物上，可致使传递物转移。图 3.1 中波折线及箭头表示动作链的链尾及方向。表示传递物的小圆圈以及动作链的链尾表示传递行为指向接受者。“送人”即

① 以下将认知主体或认知主体一方都简称为认知主体一方。

② 中村芳久（2004）从认知域的概念入手，描绘了テヤル构式的认知图式。陈访泽、杨柳（2011）在中村芳久（2004）的基础上描绘了授受独立动词构式的认知图式。本书对授受独立动词构式的认知图式的理解与陈访泽、杨柳（2011）不完全相同，所以在这两个先行研究的基础上根据自己的理解，补充和修改了其中的部分内容。中村芳久（2004）、陈访泽、杨柳（2011）的研究内容请参看相关资料。图 3.2、3.3 的形成与图 3.1 相同。

施事意欲将传递物转移至接受者 Y（非认知主体一方），这一过程不是施事直接将能量作用到接受者身上，图 3.1 以“给物”和物体到达接受者处来表示。ヤル构式突显给物和送人这两个方面，所以图 3.1 中，这两个方面的图形的轮廓以加粗线的形式表现。构式中格助词“に”的原型意义为“移动的终点（移動の着点）”（国広哲弥，1986；森山新，2005）。终点既可以是某一空间，也可以是某个人，传递事件中传递物到达的终点当为某个人（或某人可控制的范围之内的空间）。当施事 X 成功实施了传递动作后，Z 到达了接受者 Y 处，接受者最终“获物”。传递物到达接受者处后接受者 Y 获得了传递物 Z 的所有权，图 3.1 以 Y 的圈内套有代表 Z 的小圈来表示。

“XはYにZをやる”中，认知主体是从施事 X 的视角扫描传递过程，因为施事（认知主体一方）有转让所有权的意图，且传递成功实施后，物体可到达接受者处，物体的所有权可由接受者获得。所以构式表示的传递行为具有了“有利于接受者”的含义。此时，接受者 Y 是传递行为的影响对象，即传递行为的受益者。

3.1.1.1 给予者

ヤル构式的给予者能实施传递行为，且为认知主体一方，始终处于事态中参与传递事件，其原型用法为生命体。例如：

（1）一郎は貞子に小遣をやって、ついて行ってもらった。

（BCCWJ）

ヤル构式中，给予者愿意将传递物给予接受者，给予者具有意愿性，这里的意愿性含有意志性和计划性，所以这一构式可以使用意志形“う（よう）”。例如：

（2）このことを秘密にして、わたしにもほかの者にも言わずにいてくれたら、いつかおまえにあの鍵をあげよう。

（BCCWJ）

通过2.2的讨论可知，授受独立动词构式中的给予者可扩展为机构、组织。但是，ヤル构式中的给予者没有这一扩展用法，ヤル构式中的给予者不能是机构、组织。例如：

（3）大学は白川博士に名誉博士号を（？あげた/○あたえた）。

（庵功雄他，2002：160）

庵功雄他（2002）认为这个例句中传递行为不具有有利于“白川博士”这一语义，所以不能使用“あげる”。这个句子不成立也可以解释为ヤル构式的给予者不能扩展为机构、组织。机构、组织等不能成为ヤル构式的给予者，也与人的识解中的突显原则有关。ヤル构式中，认知主体的观察视点位于给予者一方。例（3）中出现“大学”这一机构和“白川博士”这一生命体时，认知主体更易于将“白川博士”这一生命体视为己方，并将生命体作为主语，所以如果将例（3）改为“白川博士は大学から名誉博士号をもらった”，句子可以成立。

3.1.1.2　接受者

ヤル构式的接受者，原型用法为生命体。例如：

（4）ぼくはからだをおこし、母親にもポン煎餅をやったが、母親はポン煎餅を口のなかで嚙んで、ぼろの上に寝ている赤ん坊の口にいれた。

（BCCWJ）

ヤル构式的接受者可扩展为非生命体。例如：

（5）ペットにえさを与えたり、植物に水をやったりするのも、携帯電話から操作できる。（同上）

例（5）中的接受者是“植物”，为非生命体。ヤル构式的接受者扩展为非生命体，主要表现为植物。

授受独立动词构式的原型用法中，格助词“に”表示的是物体到达的终点，传递物到达接受者处，接受者“获物”的过程完成，接受者领属传递物。但是，如果接受者不在传递现场，接受者是否最终领属传递物，给予者无法控制。例如：

(6) 私は弟に本をやったが、弟は本を受け取らなかった。

(陈访泽、杨柳，2011：62)

陈访泽、杨柳（2011）认为例（6）的前一句表明书接受来自我的能量并向弟弟的方向移动，但书是否为弟弟所有，不在ヤル要表达的意义范围之内。该研究还指出，例（6）中确有恩惠义的存在，但这仅限于认知主体的认识中，恩惠并没有发生移动，因而不存在恩惠的接受者（陈访泽、杨柳，2011：61）。根据后面句子的语义来确定前句不存在恩惠的转移这一结论有待商榷。例（6）的“私は弟に本をやった”表明，书已到达弟弟处，此时弟弟拥有书的所有权。但是，ヤル构式并不突显这一结果，所以可以后续“本を受け取らなかった”来取消弟弟最终拥有书的所有权。ヤル构式的认知主体是施事，“I”模式中认知主体的观察范围受限，句子只能是认知主体认为自己的行为有益于接受者。此时，认知主体是给予者，已经参与到传递事件中。认知主体不可能再变为接受者，以接受者的视点表示该行为有益于己方。所以，例（6）只是说明了给予者（认知主体一方）的能量没有直接作用到接受者身上，给予者无法控制接受者是否最终领属传递物，后一句的意义不能取消前一句的“弟”是传递物的接受者、受益者这一含义。下面的例句也说明了这一特点。

(7) 軽い昼食をしていると、村の子供たちがやって来る。上着の下はまっ裸だ。ビスケットをあげたが、恐いものを見る目で私たちを見つめたまま、口へもっていかない。

（BCCWJ）

例（7）中，“私たち”意欲将“ビスケット”传递给“子供たち”，即使“に”格名词短语被省略，句子仍表示“ビスケット”最终到达孩子手中为孩子所有。但是，“私たち”无法控制孩子们如何支配这一传递物，所以紧接的后句可以出现表明“子供たち”没有采取控制传递物的行为（即将获得的饼干放进嘴里）。例（6）、（7）仍可以说明ヤル构式中认知主体观察到传递物成功传递后，接受者获物，认知主体可以认定传递行为有益于接受者。

3.1.1.3　传递物

ヤル构式中的传递物，其原型用法为具体的、有形的物体。例如：

（8）太郎は花子に記念切手をやった。

例（8）中的传递物“記念切手”是具体的、有形的物体，可以直接触摸到。

ヤル构式中的传递物也可以扩展至抽象事物。构式中能够出现的，表示传递物为抽象事物的词汇主要有“アドバイス、コメント”等这些话语类词语和“チャンス、時間、許可”等表示“权限、资格”的词语。例如：

（9）ここで楽器を選ぶ時のアドバイスをあげよう。（BCCWJ）

（10）あなたに1ヵ月間だけ時間をあげましょう。もしもその1ヵ月の間に奥さんと息子さんが帰ってきたとしたら、あなたの勝ち。（同上）

ヤル构式中的传递物不能是“連絡、返事、回答”等这些话语、信息类抽象事物。这是因为“やる”还有“做、从事”这一语义，与这些抽象名词结合后可表示从事某种活动，不表示传递，如“修正回答をやる”等表达形式。

(11) ここでそのことを質問したものがあったので、ウソと書いた後でTVを入れたら、そのニュースが流されており、急いで修正回答をやりました。

(BCCWJ)

传递物的原型用法是指具体的、有形的物体，为非生命体，但在语境这一外部因素的作用下也可扩展至生命体，例如：

(12) しかしおれの方では、お前がそんな口をきくからには、もういくら黄金を積んだとて、お前の息子におれの娘をやることはお断りしよう！

(BCCWJ)

例（12）中的“やる”多被解释为“行かせる”，可以看作是将“おれの娘”送去“お前の息子”那里，即说话人把自己的女儿嫁给对方的儿子。在这一语境中，传递物扩展为生命体。

授受独立动词构式既突显传递义，也突显恩惠义。因为行为具有有利于某人的含义，ヤル构式的原型用法中，传递物具有积极意义。但是，在语境这一外部动因的作用下，某一传递行为可以理解为具有有利于某人的含义时，传递物可扩展为表示消极意义。例如：

(13) もしそのルールを守れない子は、一緒に遊べない。仕方がないの。…ルールを守れない人には罰をあげなくちゃ…

(www. pixiv. net/novel/show. php? id = 1418529)

例（13）中的“罚”具有不利于某人的含义。但是，例（13）的意思是给予不遵守游戏规则的孩子一点惩罚，会有助于他们建立起做事情要守规矩的观念。根据这一语义可知，语境这一外部动因使得

"罰をあげる"这一行为具有恩惠义，具有消极意义的词汇也可以出现在ヤル构式中。

3.1.2　クレル构式

"XはYにZをくれる"表示给予者X有意致使传递物Z转移至接受者Y（认知主体一方）处，其认知图式如图3.2所示。

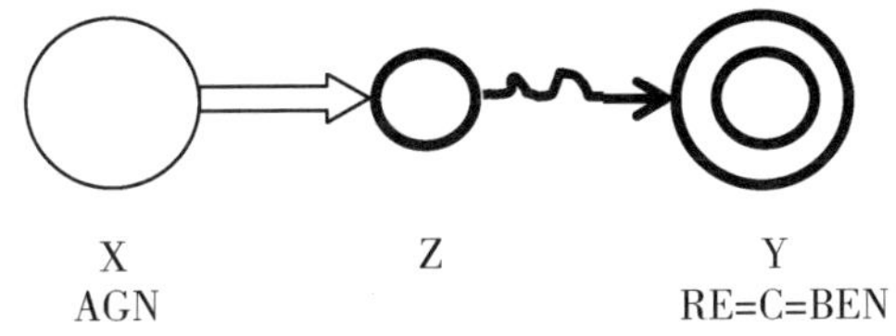

图3.2　"XはYにZをくれる"的认知图式

X：给予者　　Y：接受者　　Z：传递物　　C：Conceptualizer，认知主体

AGN：Agent，施事　　RE：Recipient，接受者　　BEN：Beneficiay，受益者

クレル构式与ヤル构式的不同之处是：クレル构式是以接受者Y（认知主体一方）的角度描述该事件。当施事X成功实施了传递行为后，传递物Z到达了接受者Y处。构式中的格助词"に"，其原型意义为"移动的终点"，当接受者（认知主体一方）在描述传递事件时，传递结果已经明确。"XはYにZをくれる"可突显"送给（认知主体一方）""（认知主体一方）获物"这两个方面，图3.2中，粗线显示的动作链的链尾，以及粗线表示的接受者Y获得传递物Z的所有权的圆圈说明了这一构式所突显的方面。

3.1.2.1　给予者

クレル构式中，给予者有实施能量至传递物并使之移动到接受者

的意志。但是，这一意志并不是接受者所能控制的。例如：

（14）出品初心者です。到着したら評価の方から連絡をくれる[①]ことになっているのですが、その後、連絡がありません。

（BCCWJ）

例（14）中，网络购物约定卖家发货后，买家确认收货并做出评价，卖家无法控制买家是否实施评价这一行为。例句中买家未主动给予联络，卖家无法控制，就无法获得评价，例（14）也未使用表示施事的“が”而用表示起点的“から”。因为给予者实施能量至传递物的意志并不是接受者所能控制的，所以クレル构式不会出现“くれよう”的形式。

クレル构式中的给予者的原型用法为生命体。例如：

（15）智さんはお土産だと言って、私に白い服地をくれた。

（BCCWJ）

クレル构式中的给予者既可以扩展为机构、组织，也可以扩展为非生命体。给予者为非生命体时不具有意志性。

（16）ブカレストのホテルも、三流ながら朝食券をくれた。

（BCCWJ）

（17）あなたが送ってくれたたくさんの葉書が、あたしにたくさんの元気をくれました。ほんとにどうもありがとう。

（同上）

例（16）中的给予者是“ホテル”，按照常规转喻，这里是以机构“ホテル”转喻人。例（17）中的给予者是“葉書”，是非生命体。例句说明，クレル构式中，只需要接受者具有接受给予者的传递这一

① 这个例句中的传递物已扩展为抽象事物。传递物的扩展并不影响讨论例（14）中给予者是否具有意志义。

意愿性。给予者可以不具备给物的意志性，给予者可以扩展为非生命体。

3.1.2.2　接受者

クレル构式中的接受者是认知主体一方，其原型用法为生命体，且愿意接受给予者的传递，具有意愿性。例如：

（18）軍医は僕に眼鏡をくれた。ぴったりとよく度のあう近眼鏡だ。（BCCWJ）

例（18）的接受者"僕"为认知主体，愿意获得施事传递的物品"眼鏡"。接受者还具有一个特征，因为接受者通常是说话人，所以常被省略。

接受者为认知主体一方，始终参与到事件中观察和叙述事件，一般情况下接受者不能是非生命体。但是，接受者有时也可扩展为机构、组织。

（19）「本部に電話をくれたのはあなたですよね。」（BCCWJ）

例（19）的接受者为非生命体，这样的例子比较少，可理解为以机构"本部"转喻人。

クレル构式突显接受者获物，所以传递行为成功实施后，接受者获得传递物，并因为这一行为受益，接受者同时是受益者。

（20）会社の女子で、たまにですが一人で全部飲み切れないからと僕に飲みかけのジュースをくれる人がいます。（BCCWJ）

例（20）中，传递行为成功实施后，说话人获得传递物"飲みかけのジュース"，说话人是受益者。

3.1.2.3　传递物

クレル构式中，传递物的原型用法为具体的、有形的物体。クレル构式中，传递物扩展为抽象事物的用例相对较多，传递物能够扩展为表示“权限、资格”的“チャンス、許可、内定、休み”等。除此之外，クレル构式中的传递物还可以扩展为ヤル构式中不能出现的“連絡、返事、回答”等话语、信息类抽象事物，以及表示蕴藏在人类身体中的某种能力或某种情感的抽象事物，如：“力、元気、エネルギー、パワー”等。

（21）「…さっき私に連絡をくれたのはきみかね?」少しかすれがちの低い声で、老人―正親町源八はヘルメスくんに尋ねた。（BCCWJ）

例（21）中的“連絡、返事”可以用于クレル构式中也与构式的内向性特点相吻合。“連絡をする”等动作具有方向性，一般表示认知主体一方指向非认知主体一方，而当这类动作表示非认知主体一方指向认知主体一方时，应使用内向性的表达形式，クレル构式的方向与之相符。例如：

（22）a. ? 彼女はそのことを私に連絡しました。

b. 彼女は私に連絡をくれました。

（新屋映子他，2000：55）

例（22）a 中，非认知主体一方与认知主体一方联系，此时不能用“連絡する”，可以用例（22）b 来表达。

クレル构式表示恩惠义，构式的原型用法中传递物具有积极意义。但是，在语境这一外部动因的作用下，行为表示具有有利于某人的含义时，传递物也可以扩展为表示消极意义。例如：

（23）先生が落第点をくれて、ありがとう。

例（23）表示老师给了说话人不及格，说话人将这一行为识解为有利于自己。认知主体将这一行为识解为己方受益时，传递物可以扩展为表示消极意义。

クレル构式具有恩惠义，传递行为具有中立性或表示不利义时不能使用这一构式。

（24）a.？先生がたくさん宿題をくださいました。

（庵功雄他，2000：108）

b. 先生がたくさん宿題を下さったおかげで、今度の試験で100点を取った。

例（24）a中，老师给说话人留很多作业，对说话人来说并不是有利于己方的行为，这类句子一般不使用"くださる"，可以用"出す"。同样，在语境这一外部动因的作用下，句子也可以成立，如例（24）b。例（24）b中有"今度の試験で100点を取った"这一表达方式。在这一外部动因的作用下，认知主体将传递行为识解为己方受益，此时句子可以成立。

3.1.3　モラウ构式

"YはXに/からZをもらう"表示接受者Y（认知主体一方）从给予者X（非认知主体一方）获得某种传递物，突显了"（认知主体一方）获物"这一结果，构式是以获物这一结果来转喻整个传递事件。モラウ构式的认知图式可用图3.3表示。

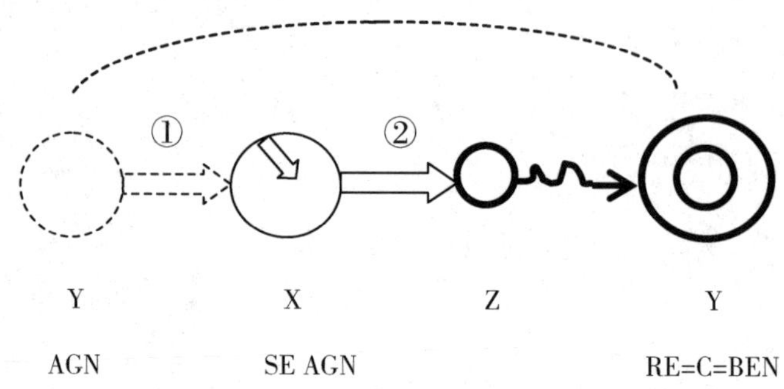

图 3.3 “YはXに/からZをもらう”的认知图式

Y：接受者　　X：给予者　　Z：传递物

AGN：Agent，施事　RE：Recipient，接受者　BEN：Beneficiay，受益者

C：Conceptualizer，认知主体　　SE AGN：Secondary Agent，次施事

构式中的传递物 Z 不能自主从给予者 X 转移至接受者 Y，应是 X 施以能量致使其移动，也就是如图中②所显示的过程，即构式含有给予者实施能量致使传递物移动的过程。给予者 X 给物既有可能是其自主意志下的行为，也有可能是接受者 Y 施以影响使之给物的结果，所以构式还包含图中①所显示的过程。图中①所显示的过程的终点是给予者 X，此时 X 就是 Langacker（1991）论述的“次施事”（Secondary Agent），接受者 Y（即主语）成为施事。施事 Y 向给予者 X 施以影响后，次施事 X 再施以影响至传递物上，使之移动至接受者 Y 处。

“YはXに/からZをもらう”中格助词“から”和“に”的区别在于前者的原型意义为起点，后者的原型意义为终点。“YはXからZをもらう”突显了给予者 X 的起点位置，含有给予者实施能量的过程，即图式中的②。“YはXにZをもらう”中，“に”表示终点，即给予者 X 是接受者 Y 施以影响的终点，既含有 Y 向 X 施以影响使之给物的过程，也含有次施事 X 实施能量的过程，也就是图中①和②的过程。

例如：

（25）「なかなかいい味にできてるわよ」と妻からお褒めの言葉をもらった。

（BCCWJ）

（26）プライベート中の有名人にサインをもらった事のある方いらっしゃいますか？ （同上）

例（25），我从妻子那里获得褒奖是妻子主动行为的结果，“から”表示褒奖的起点，含有妻子给予褒奖的过程。例（26）我获得签名有可能是我请求名人给予签名的结果，这样句子就含有我请求的过程，句子具有使役性。

给予者 X 是接受者 Y 施以影响的终点，这一终点在“YはXにZをもらう”中又处于“获物”这一结果的起点，所以格助词に在“YはXにZをもらう”中扩展为森山新（2005）指出的“起点”这一用法。构式没有明确接受者 Y 向给予者 X 施以影响的过程，导致“YはXにZをもらう”具有了歧义。当接受者 Y 施以能量到给予者 X 上，X 再施以能量到传递物使之移动并到达 Y 时，构式具有使役性。当给予者 X 主动施以能量到传递物使之移动并到达接受者 Y 时，构式具有被动性。

（27）私は太郎に本をもらった。

例（27）既可以表示太郎传递书后我获得了书，太郎是书移动的起点；也可以表示我向太郎施以影响后，太郎将书传递给我，我收到了书。前者句子具有被动性，后者句子具有使役性。明确例（27）具有的这两种含义，需要语境这一外部因素的支持。

根据以上讨论，可将“YはXにZをもらう”的用法定义为 Y（认知主体一方）从非认知主体一方获得某种传递物或 Y（认知主体一

方）作用于非认知主体一方使之传递物体，并最终获得传递物。

关于“YはXに/からZをもらう”这一构式，还有一个需要讨论的概念，就是“働きかけ”，即“影响”或“作用力”。“XはYにZをやる”与“XはYにZをくれる”中的“働きかけ”指给予者作用于传递物上的影响。“YはXに/からZをもらう”中的“働きかけ”应是两种影响，其一是给予者作用于传递物上的影响，能量到达传递物，传递物移动至接受者处；其二是接受者向给予者施以影响，能量到达给予者处。

3.1.3.1　接受者

モラウ构式中，接受者的原型特征为生命体。接受者有意获得给予者的传递，具有意愿性。意愿性应包含两个方面：给予者主动传递后接受者有接受传递物的意愿，以及接受者具有作用于给予者使之给予传递物的意愿。接受者具有意愿性，所以这一构式可以使用意志形“う（よう）”。例如：

(28)「コーヒーをもらおうか」鳴海老人が言った。皆もうなずいた。（BCCWJ）

接受者在这一构式中为主语，只能是生命体，不能扩展为非生命体。

(29) ＊植物が水をもらった。

如果从句式转换的角度看，可以认为例（29）是“植物に水をやった”的转换。但转换的观点无法解释例（29）为什么不能成立。モラウ构式中的接受者不能是非生命体，句子不能成立。

モラウ构式中的接受者可以扩展为机构、组织。例如：

(30) …そんな権限を中国がいったい誰からもらってきたのかが、なによりの疑問でした。（BCCWJ）

3.1.3.2　给予者

モラウ构式中，给予者是“给物”这一行为的施事，其原型用法为生命体，如例（25）中的“妻”、例（26）中的“有名人”。构式中的格助词“から”“に”表示起点，起点既可以是人，也可以是场所。由于构式突显“获物”这一结果，给物的过程暗含在构式中，给予者可以扩展为机构、组织，多为传递物所属的机构、组织。例如：

（31）私はこの喫茶店からバス広告の契約をもらったのである。

（BCCWJ）

例（31）中，给予者是广告合约所属的咖啡店，是表示场所、地点的名词。当给予者扩展为机构、组织时，モラウ构式中只能用格助词カラ，而不能用格助词ニ。此时的格助词カラ明确表示起点。

（32）会社から（*に）紹介状をもらって持っていった。

（BCCWJ）

有些例句中出现“非生命体+格助词に”的形式，但是格助词に并不表示起点，而是表示物体存在的场所。例如：

（33）リュックサックに一杯の食糧をもらったケーズ曹長が途中までソ連軍に護送され、戻ってきたのは四月四日朝。

（BCCWJ）

例（33）表示“ケーズ曹長”把得到的粮食装满了背包，句中的格助词“に”表示粮食存在的地点。

3.1.3.3　传递物

モラウ构式中，传递物的原型用法为具体的、有形的事物。和クレル构式一样，传递物可扩展为抽象事物，出现的词汇也与クレル构式一致。モラウ构式中的传递物主要有“許可、チャンス、権利”等表示“权限、资格”的抽象名词，“連絡、返事、回答、アドバイス”

等表示“话语、信息类”的抽象名词，以及“力、元気、エネルギー、パワー”等表示“蕴藏在人类身体中的某种能力或某种情感”的抽象名词。

（34）この活動を通して、私たちも子どもたちから元気をもらっています。

（BCCWJ）

例（34）中，由于给予者“子供たち”的影响，“私たち”获得了某种力量。传递物“元気”是表示蕴藏在人类身体中的某种能力的抽象事物。

此外，与ヤル构式一样，在一定语境中，モラウ构式中的传递物可扩展为生命体。

（35）養母によると、養母はじゃがいもを母親にあげ、代わりに山本さんをもらったという。（BCCWJ）

在ヤル构式中，“娘をやる”表示将女儿嫁给他人，モラウ构式中的“嫁をもらう”表示娶了别人家的女儿、“養子をもらう”表示得到了养子。例（35）就是得到了养子“山本さん”。

モラウ构式中，构式表示的行为具有恩惠义。所以，モラウ构式的原型用法中，传递物具有积极意义，表示消极意义的传递物一般不会出现在这一构式中。例如：

（36）契約違反をされて重大な損害を（×もらった/○受けた）。

（庵功雄他，2002：161）

例（36）表示说话人受损，传递物表示不利于某人，此时应用“受ける”。但是，在语境这一外部动因的作用下，在构式表示的传递行为具有恩惠义时，传递物可扩展为表示消极意义。

（37）フランス外相は七億ドルの賄賂をもらい、すでにフラン

スで起訴されている。　　　　　　　　(BCCWJ)

例（37）中“贿赂”一词表示不好的事物，法国外长收取贿赂是一种不利于法国民众的行为，如果将其理解为说话人站在法国外长的角度认为他获取了好处，句子也可成立。此时，例（37）中的传递物扩展为具有消极意义。

モラウ构式也有自己的特点，例如：

（38）時間の長短は練度しだいだが、闘争心はなえる。肉体が壊れることの恐怖や、続けて打撃をもらうことにおびえるからだ。　　　　　　　　(BCCWJ)

（39）だけど、まだ、年齢も低いので体が弱っている時期に外出して他の病気をもらうと困るので、なるべく、室内で遊ぶほうがいいかも。　　　　　　　　（同上）

例（38）、（39）中，“受到打击”和“得病”都是不利于认知主体一方的行为。这些例句说明在实际运用中，モラウ构式可以具有“不利于某人”的含义。表示不利义的名词出现在モラウ构式中，构式所表示的行为不再具有恩惠义，而是表示不利义或中立义。3.3 将讨论这一语言现象产生的原因。

3.2　扩展用法的不对称性

ヤル、クレル、モラウ构式所表示的概念结构相同，原型用法中给予者、接受者、传递物这三个论元角色的用法一致。但是，论元角色扩展用法中，ヤル和クレル构式、ヤル和モラウ构式之间出现了不对称现象，主要表现在以下两个方面。

3.2.1 给予者、接受者的扩展用法

三个构式的扩展用法中，ヤル构式的给予者是生命体，不能扩展为机构、组织，クレル、モラウ构式的给予者可以扩展为机构、组织。

（40）？大学は白川博士に名誉博士号をあげた。 ［＝例（3）］

（41）だからこそ会社もこれまで給料をくれたわけであるから、ある意味ではビジネスのプロである。 （同上）

（42）これらの書類が揃っていれば、日本の法律上婚姻が成立し、役所から受理証明書をもらうことができます。 （同上）

例（40）中，ヤル构式的给予者不能是机构、组织。例（41）、（42）中，クレル、モラウ构式的给予者是“会社”、“役所”，扩展为机构、组织。

相反，ヤル构式的接受者可以扩展为非生命体，クレル、モラウ构式的接受者是生命体，不能扩展为非生命体。

（43）しおれている草花に水をやり、すきな肥料をやり、暑さ寒さを避けてやると、元気を取りもどして喜んでいるようです。 （BCCWJ）

（44）＊植物に水をくれた。 ［＝例（29）］

（45）＊植物が水をもらった。

例（43）中，ヤル构式的接受者是“草花”，扩展为非生命体。例（44）、（45）中，如果不是在童话等文学体裁中以拟人的修辞手法进行描写，这两个句子不能成立。

ヤル构式的给予者不能扩展为机构、组织，クレル、モラウ构式

的给予者可以扩展为机构、组织。就是说ヤル构式的接受者可以扩展为非生命体，クレル、モラウ构式的接受者不能扩展为非生命体。ヤル构式和クレル构式、ヤル构式和モラウ构式的扩展用法出现了不对称，这一现象与三个构式突显传递的不同方面以及认知主体的观察视点不同有一定的关系。ヤル构式突显“给物”和“送人”，尤其是“给物”需要给予者（认知主体一方）直接对传递物施以影响。在转喻这一认知机制的作用下，认知主体可以将机构、组织转喻为人，但是机构、组织不具备这种施以影响的能力，ヤル构式的给予者不能扩展为机构、组织。クレル构式突显了“送人（认知主体一方）”和“（认知主体一方）获物”，モラウ构式突显了“（认知主体一方）获物”，这两个构式都没有突显“给物”这个过程。从认知主体的观察视点来看，クレル构式和モラウ构式的给予者不必具有直接对传递物施以影响的能力，因此这两个构式中的给予者可以扩展为机构、组织。ヤル构式的给予者是认知主体一方，クレル、モラウ构式的接受者是认知主体一方，认知主体始终参与到传递事件中，这也使得ヤル构式的接受者可以扩展为非生命体，クレル、モラウ构式的接受者不能扩展为非生命体。

3.2.2　传递物的扩展用法

传递物扩展为抽象事物时，ヤル构式和クレル构式、ヤル构式和モラウ构式之间具有不对称性。当传递物为“連絡、返事”等的信息类抽象事物时，可以出现在クレル、モラウ构式中，不能出现在ヤル构式中。

（46）a. ＊太郎は花子に連絡をやった。

b. 太郎は花子に連絡をくれた。

c. 花子は太郎から連絡をもらった。

（47）a. *太郎は花子に返事をやった。

b. 太郎は花子に連絡をくれた。

c. 花子は太郎から返事をもらった。

ヤル构式表示的是“给予者实施能量至传递物使之移动到接受者”这一概念结构。“連絡、返事”等信息类抽象事物与ヤル结合后的短语，如“連絡をやる”、“返事をやる”等表示施事的某种行为，属于动宾构式，不包含“给予者实施能量至传递物使之移动到接受者”这一含义。相反，当从获得的角度来识解这类传递时，クレル、モラウ构式可以成立，“連絡、返事”等信息类抽象名词可以出现在这两个构式中，如例（46）b、c 和例（47）b、c。

“勇気、希望、感動、安らぎ、癒し、自信、元気、エネルギー、力（パワー）、安心感、充実感、開放感”等名词，是表示“蕴藏在人体中的某种力量或某种情感”的抽象事物。这类名词可以出现在クレル、モラウ构式中，不能出现在ヤル构式中。

（48）a. *太郎は花子に元気をやった。

b. 太郎は花子に元気をくれた。

c. 花子は太郎に元気をもらった。

（49）a. *太郎は花子に安らぎをやった。

b. 太郎は花子に安らぎをくれた。

c. 花子は太郎に安らぎをもらった。

例（48）、（49）表明，传递物为“蕴藏在人体中的某种力量或某种情感”的抽象事物时，ヤル构式不能成立，クレル、モラウ构式可以成立。传递物扩展为这类抽象事物时，不能理解为传递物“元気、

安らぎ”等可以从太郎处移动至花子处，这些力量或情感是接受者内心自然产生的。所谓获得，其实就是油然而生的意思，所以例（48）、（49）中的授受独立动词可以用“生じる”来替换，不能用“獲得する”替换。

（50）a. ? 花子は太郎から（元気/安らぎ）を獲得した。

b. 花子に（元気/安らぎ）が生じた。

例（50）说明，表示“蕴藏在人体中的某种力量或某种情感”的抽象事物出现在クレル、モラウ构式时，传递物不是给予者直接施以能量致使物体移动，而是接受者受到了给予者的某种影响产生了这种力量或情感，给予者是接受者产生这种力量或情感的原因，对接受者来说，这是一种间接的作用力。

ヤル构式和クレル构式、ヤル构式和モラウ构式在传递物的扩展用法上出现这种不对称的现象，原因在于ヤル构式突显给予者给物，要求给予者具有直接作用于传递物的作用力，クレル、モラウ构式突显认知主体一方获物，不要求给予者具有直接作用于传递物的作用力，间接的作用力也可使接受者获物。

モラウ构式也有自己的特点，和ヤル、クレル构式的扩展用法不一致。モラウ构式中传递物可以扩展为表示“不利义”的事物，且构式具有不利于某人的含义。

（51）時間の長短は練度しだいだが、闘争心はなえる。肉体が壊れることの恐怖や、続けて打撃をもらうことにおびえるからだ。　［＝例（38）］

（52）だけど、まだ、年齢も低いので体が弱っている時期に外出して他の病気をもらうと困るので、なるべく、室内で遊ぶほうがいいかも。　［＝例（39）］

モラウ构式中可以出现表示“不利义”的传递物，其特点是构式中只能用格助词“から”，不会出现格助词“に”。モラウ构式中出现表示“不利义”的传递物与这一构式的特点有关。3.1.3 的讨论说明，モラウ构式突显认知主体获物，是以结果来转喻整个传递事件。按照一般经验，接受者获物必定包含有给予者给物并传递给接受者的过程，但这一过程并没体现在构式中，构式中的格助词“から”的原型用法仅表明物体的起点或来源是某一生命体或某一场所，认知主体参与到传递事件中识解的仅是传递结果。也就是说仅从接受者“患病”或“获得恶评”来看，结果都是接受者获物。从构式语法的理论出发，可以将“打擊をもらう”“病気をもらう”看作是モラウ构式的非典型用法，这一用法固定为习语，只有几个少数的表示不利义的名词可以用于表示不利于某人或表示中立义的“~をもらう”中。

3.3 构式中的压制现象

认知语言学家用压制来解释某些异常、特殊的语言现象。Taylor（2002）指出：所谓“压制”，是指一个单位与另一单位结合使用时，它会对其毗邻的单位施加影响，使其改变用法特性（转引自王寅，2011［上］：363）。王寅（2011）认为，可将压制理解为：压制就是对语句的结构、意义和用法起主导性或关键性作用，并迫使他者作适当调变的现象（王寅，2011［上］：365）。授受独立动词构式中，论元角色的扩展用法出现不一致性可以说是一种构式压制的结果。

3.3.1 压制的分类与转喻阐释

Goldberg（1995）论述了构式压制动词的现象。当动词的语义和用法与构式不兼容、相冲突时，构式义往往占主导地位，动词义受到压制、重释得以与构式义一致（Goldberg，1995；吴海波译，2007：50-54）。Michaelis（2004）论述了压制中的强制原则，将其定义为"如果一个词汇项在语义上与其形态语法环境不兼容，词汇项的意义就当遵守其所嵌入运用的结构的意义"（转引自袁野，2011：49）。这些理论说明，词汇义与构式义相冲突时，往往构式义决定词汇义。但是，从构式语法角度来看，词汇和构式都有其独立的意义，语句的意义主要由这两者形成，是构式义与词汇义互动的结果（Goldberg，1995；吴海波译，2007：26-56）。所以，不能过分强调构式压制，而忽视词汇的作用。词汇义压制构式义，迫使构式义进行调变，这种现象就是词汇压制构式（王寅，2011［上］：364）。

关于构式压制的识解机制，学界的观点比较一致，大多归于转喻。Lakoff（1987）认为转喻是指在同一个理想化认知模型之内表述和理解部分与整体关系的认知现象，即可用一个部分来认识另一个部分或整体，或通过整体来认识部分，两者具有接触或邻近关系（转引自王寅，2007：232）。Radden & Kövecses（1999）提出了"转喻生成关系"，认为能生成转喻的概念关系包括整体的理想化认知模型与其部分或理想化认知模型中的部分与部分。（转引自文旭、叶狂，2006：2-6）。

3.3.2 构式压制词汇

构式压制主要表现为构式压制词汇。授受独立动词构式中的压制现象主要是3.2讨论的，ヤル构式和クレル构式、ヤル构式和モラウ构式在扩展用法上出现的不对称现象。

授受独立动词构式中的施事有意将传递物传递给接受者，其原型用法当为生命体。但是，实际表达形式中，“XはYにZをやる”这一构式中的X不能是非生命体，“XはYにZをくれる”构式中的X、“YはXからZをもらう”中的X可以是非生命体。例如：

（53）？大学は白川博士に名誉博士号をあげた。［＝例（3）］

（54）ブカレストのホテルも、三流ながら朝食券をくれた。

［＝例（16）］

（55）先日結婚しました。今日会社から祝儀をもらったのですが、この場合なにかお返しのような事は必要ですか？

（BCCWJ）

按照常规转喻观，可将例（54）、（55）解释为以机构“ホテル”、“会社”来指代人，这两个句子中的非生命体都有一个清晰的所指，所以句子可以成立。但是常规转喻却无法解释例（53）为什么不能成立。构式语法认为，不同的构式具有不同的意义，构式义与词汇义发生冲突时，往往构式义占主导，决定句子整体的意义。因为认知主体始终参与到传递事件中，ヤル、クレル、モラウ构式的意义并不完全相同。ヤル构式中，认知主体为给予者，认知主体不能建立将非生命体视为己方的心理通道，如例（53）。例（53）中的施事则必须具有原型意义特征，构式义不能使“大学”转喻为在大学中工作的人，句式内不能建立转喻关系，所以例（53）不成立。クレル、モラウ构式中，认知主体为接受者，认知主体可以建立将非生命体的名词表示给予者的心理通道。所以例（54）、（55）在构式义的压制下通过指称转移这一转喻机制使得“ホテル”“会社”等非生命体用来指代这些机构工作的人。

当传递物为“蕴藏在人体中的某种力量或某种情感”的抽象事物，如“元気”等时，这类名词不能出现在ヤル构式，却可以出现在クレル、モラウ构式中。

（56）a. ＊太郎は花子に元気をやった。

b. 太郎は花子に元気をくれた。

c. 太郎は花子に元気をもらった。　　　　［＝例（48）］

例（56）中，“某种力量或情感”这一传递物可以出现在クレル、モラウ构式中也可以用构式的压制来解释。传递事件包含三个阶段：“给物”、“送人”、“获物”。ヤル构式突显“给物”和“送人”，クレル构式突显了“送给（认知主体一方）”和“（认知主体一方）获物”，モラウ构式突显了“主语（认知主体一方）获物”。クレル、モラウ构式突显结果的意义使得认知主体通过“RESULT FOR ACTION”这一转喻机制建立起以结果来表示整个传递行为的心理通道。例（56）b“太郎は花子に元気をくれた”意味着“花子に元気が生じた”，例（56）c“太郎は花子に元気をもらった”意味着“太郎に元気が生じた”。在结果代行为这一转喻机制的作用下，某人产生了“某种力量或情感”这一结果可以用来表示给予者使得某人产生了“某种力量或情感”，这类抽象名词也可以出现在クレル、モラウ构式。例（56）a不能成立，是因为ヤル构式突显的是“给物”的阶段，句式意义使得认知主体不能建立起以结果来表示整个传递行为的心理通道，所以不能成立。

Lakoff（1987）指出理想化认知模型是由许多认知模型（CM）构成，主要表征的是理想化框架知识，但是其描述又过于笼统，而Pustejovsky（1995）的物性结构（qualia structure）为理想化认知模型提供了更加丰富的形式化的描述（转引自袁野，2010a：150）。下面根据物性结构来分析例（57）中，クレル的构式义压制非生命体“葉書”时的转喻机制。

（57）あなたが送ってくれたたくさんの葉書が、あたしにたくさんの元気をくれました。ほんとにどうもありがとう。

［＝例（17）］

按照Pustejovsky（1995）的描述，“明信片”的物性结构可如图3.4所示。

ARGSTR= [ARG1=X：information
ARG2=Y：phys_obj]

QUALIA= [Information：phys_obj—icp
FORMAL= hold(y，x)
TELIC= post,read
AGENT= write]

图3.4 “明信片”的物性结构

（转引自袁野，2010a：150）

“明信片”的论元结构（ARGSTR：Argument Structure）有两个：一是表示信息（ARG1），二是表示明信片这样的物体（ARG2）。在物性结构中，hold（y，x）表示两个论元之间的关系，即信息（x）包含在明信片（y）中；TELIC表示事物的目的或功能，即明信片涉及邮寄或阅读这些事件，AGENT表示事物的产生与来源，即明信片涉及书写这个事件。正是明信片涉及阅读（书写在明信片的）文字这一事件，使得认知主体认为，自己获得了某种精气神来源于听话者所书写的文字，文字与自己获得了精气神之间有因果关系，形成了工具代替行为的转喻理解。也就是说认知主体听到明信片这一词语后，大脑词库被激活，这个活跃可以带动激活这一词语中关于邮寄、收到、阅读明信片等若干理想化认知模型，在构式意义的压制下，形成了工具代替行为的转喻理解。

3.3.3　词汇压制构式

构式中的压制是词汇义与构式义的互动过程，所以不仅有构式压制词汇的现象，也有词汇压制构式的现象。授受独立动词构式中也存在词汇压制构式的现象。

授受独立动词构式中的“病気をもらう”“小言をもらう”等可以看作是词汇压制构式的现象。

(58) だけど、まだ、年齢も低いので体が弱っている時期に外出して他の病気をもらうと困るので、なるべく、室内で遊ぶほうがいいかも。 ［=例 (39)］

(59) Tの祖母は、ずいぶん前に病を患い、亡くなっていた。…Tがまだ中学の頃で、生前は結構うるさく、小言をもらったのだという。

(http://kowabana.jp/stories/7794)

“XはYからZをもらう”表示认知主体获得某种有利于自己的传递物，例 (58)、(59) 中的“病気”“小言”具有表示不利于某人的含义。名词语义与构式义发生冲突。如果是构式压制词汇义，例

(58) 应表示“病気をもらう”这一行为有利于孩子或有利于说话人，例 (59) 应表示“小言をもらう”这一行为有利于说话人。但是，例 (58)、(59) 的语义表明，名词语义在这两个句子中占了主导地位，“病気をもらう”“小言をもらう”表示“得病”“听了很多的牢骚话”。可将“病気をもらう”“小言をもらう”看作是“XはYからZをもらう”的非典型用法，这一用法已固定为习语，形成“~をもらう”这一构式，只有少数几个表示不利义的名词可以用于其中。

例 (58)、(59) 中，名词“病気”“小言”与モラウ构式的恩惠义相冲突，此时，词汇压制构式，词汇义占据主动，构式表示不利于某人这一含义。词汇义能够压制构式义与“病気”“小言”具有不利于某人这一语义有一定的关系。同时，如果没有语境这一外部因素的作用，也不能认定这是词汇义压制构式义获得成功的现象。例 (58) 中，如果“病気をもらう”后没有“困る”这一词语，而是“病気をもらったおかげで”，就可以将例 (58) 理解为，孩子外出后得病这一结果有利于说话人注意到自己的某些不足之处，并加以改善。构式表示这一语义时，构式义压制词汇义获得成功。

什么时候是构式压制词汇、什么时候是词汇压制构式是一个较为复杂的问题。但是，就本书的例子来看，语境这一外部因素起了较为重要的作用。当然，语言的使用是一个极其复杂的问题，语境这一外部因素并不是唯一的动因。王寅 (2011) 认为，这一现象的认知机制还可以用心理学的“惯性思维”来解释（王寅，2011 [下]：338）。当词汇义与构式义出现冲突时，往往是构式义压制词汇义，使得具体的表达形式能够体现出构式的语义。如例 (58) 中的“病気”这一词汇的语义和构式义发生冲突，应是构式的恩惠义压制词汇义，使得这一表达形式表现出有利于某人的含义。但是，例 (58) 中有“困る”

这一词语，语境这一外部因素使得构式义难以压制成功。此时，人类的“惯性思维”使得人们在心理上倾向于认为“病気をもらう”这一搭配没有问题，将其视为与正常搭配相似的句式，最终趋向于接受这一搭配。同时，“病気”的词汇义占据主动，词汇义压制构式的恩惠义，使得这一表达形式表现出不利于某人这一含义。モラウ构式中可以出现词汇义压制构式义获得成功的情况，ヤル、クレル构式中不能出现这一情况，也与モラウ构式只突显“获物”这一传递结果有关。由此可见，词汇义压制构式义的认知机制较复杂，目前只能简单描述，相关内容将另文讨论，不再赘述。

3.4 小结

授受独立动词构式体现了人类概括和组织基本经验的认知方式，是人类基本经验中的传递事件在语言中的体现。

授受独立动词构式的原型用法与“I”模式的认知模式密切相关，也正是因为认知主体参与到事态中使得三个系列分别突显了传递事件的不同方面，以及传递的特定方向。通过语料分析可知，ヤル、クレル、モラウ构式的概念结构都是“CAUSE TO RECEIVE”，其中的给予者、接受者、传递物的原型用法基本一致。

授受独立动词构式的扩展用法中，三个构式之间出现了不一致现象。ヤル构式和クレル构式、ヤル构式和モラウ构式之间出现不对称性是因为构式压制词汇义造成的。其中，ヤル构式的原型用法不突显结果，这一特点使得ヤル构式不能建立起某种使转喻得以成立的心理通道。クレル、モラウ构式的原型用法突显结果，这两个构式中可以

建立起使转喻得以成立的心理通道，在转喻认知机制的作用下，クレル、モラウ构式中的给予者可以扩展为机构、组织，クレル、モラウ构式中的传递物可以是表示“蕴藏在人体中的某种力量或某种情感”这一含义的抽象事物。モラウ构式的原型用法中，构式表示的传递行为有利于接受者。扩展用法中，这一行为可以表示不利于某人的含义。这一现象可以解释为，在语境这一外部动因的作用下，词汇压制构式而形成的。

モラウ构式具有使役性与被动性的认知动因是构式以接受者获物这一结果来转喻整个传递事件。当句子突显接受者获物这一结果时，モラウ构式具有被动性；当句子突显接受者作用于给予者使之给物的过程时，モラウ构式具有使役性。

第四章　物的传递恩惠型授受补助动词构式

物的传递恩惠型授受补助动词构式，其句法结构和意义与授受独立动词构式相似，可以说是授受补助动词构式的原型用法。这类构式的论元角色会发生扩展，但是整个构式仍旧表示物的传递及恩惠义。其具体表达形式的语义是动词义和构式义整合后体现出来的。分析构式与动词的整合方式，能够了解哪些动词可以与物的传递恩惠型授受补助动词构式整合，哪些动词不能与物的传递恩惠型授受补助动词构式整合。

4.1　论元角色的原型用法与扩展用法

物的传递恩惠型授受补助动词构式的原型用法来自授受独立动词构式，其概念结构也是“X CAUSES Y TO RECEIVE Z”，具体表现为“XはYにZをVてやる”、“XはYにZをVてくれる”、“YはXにZをVてもらう”。它们都表示物的传递与恩惠义，构式的给予者、接受者、传递物这三个论元角色的原型用法也与授受独立动词构式一致。通过2.4的讨论可知，授受补助动词构式的论元角色及相关要素的用法也

会出现扩展。梳理物的传递恩惠型授受补助动词构式的论元角色的原型用法和扩展用法，能更好地了解和掌握这类授受补助动词构式的语义和用法。

4.1.1 物的传递恩惠型テヤル

物的传递恩惠型テヤル的意义来自ヤル构式，传承了ヤル构式的所有信息。物的传递恩惠型テヤル表示给予者 X（认知主体一方）有意以某种方式致使传递物 Z 转移至接受者 Y 处，其认知图式与ヤル构式一致，可用图 4.1① 表示。

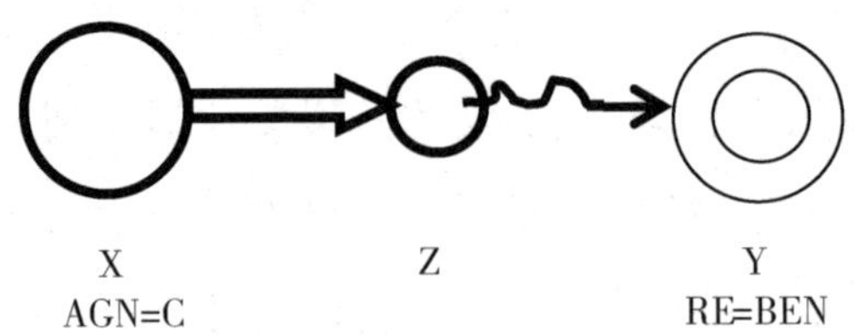

图 4.1 物的传递恩惠型テヤル的认知图式

X：给予者　Y：接受者　Z：传递物　C：Conceptualizer，认知主体
AGN：Agent，施事　RE：Recipient，接受者　BEN：Beneficiay，受益者

图 4.1 表示当施事 X 成功实施了传递动作后，传递物 Z 到达了接受者 Y 处。认知主体从施事 X 的视角扫描传递过程，传递物到达接受者处后认知主体认为接受者 Y 获得了传递物 Z 的所有权。与ヤル构式一样，物的传递恩惠型テヤル突显“给物”和“送人”这两个方面。

① 图 4.1 中的图形所代表的含义与图 3.1 一致，相关内容可参看图 3.1 的解释。

4.1.1.1 给予者

物的传递恩惠型テヤル中，给予者的原型用法为生命体，具有将某物传递给他人的意志性。X是生命体，能实施传递行为，符合主语的原型特征。例如：

（1）もしあなたがもう少し値引きして売ってあげても良いと思うなら少しひいては?? （BCCWJ）

例（1）中的给予者是“あなた”，为生命体。这一构式中的给予者不会扩展为机构、组织。

（2）＊保険会社が被害者に賠償金を払ってやった。

与ヤル构式一样，物的传递恩惠型テヤル中，认知主体的观察视点位于给予者一方。当句中出现机构（或组织）和生命体时，认知主体一般容易将生命体视为己方。所以，一般情况下，物的传递恩惠型テヤル中的给予者为生命体，不会扩展为机构、组织。

4.1.1.2 接受者

物的传递恩惠型テヤル的原型用法中，接受者为生命体。扩展用法中，接受者可以扩展为非生命体。

（3）高温多湿を好むので、霧吹きで葉に直接水をかけてやる。 （BCCWJ）

（4）本や新聞を読んだり、映画や絵を観るなど、心に休養を与えてあげることも大切です。 （同上）

例（3）中的接受者是“葉”，为非生命体。例（4）中的接受者是“心”。物的传递恩惠型テヤル构式中，句中使用动词“与える”时，接受者可以是人的身体的一部分。物的传递恩惠型テヤル中的接受者可以是人的身体的一部分，是因为日语表达中身体与人的意志是可以分开的，句子表示认知主体的主观意志给予身体的某一部分某种感觉、能力。

4.1.1.3 传递物

物的传递恩惠型テヤル中，传递物的原型用法为具体的、有形的物体，传递物可以扩展为抽象事物。例如：

(5) 先日もかわいそうに思って、おにぎりを一つ分けてあげた男だった。

(BCCWJ)

(6)「公園が好きで、緑が好きで、自然が好きで、そのすばらしさや楽しさをいろんな人に分けてあげたい。共有したい」という思いをもつ人、そして「そのために自分の時間を使いたい」と望んでいる人が、なにより一番ふさわしいのではないでしょうか。 (同上)

例 (5) 中的传递物是“おにぎり”，是具体的、有形的物体。例 (6) 中的传递物“すばらしさ”“楽しさ”都是抽象事物。

动词整合进入到物的传递恩惠型授受补助动词构式后，一些不能出现在ヤル构式中的抽象事物与动词搭配后，可以用于“XはYにZをVてやる”中。例如：

(7) これからもあなたのユーモアのセンスで、他人に癒したり励ましたりして生きるパワーを与えてあげて。 (BCCWJ)

(8) 私は一人でも多くの方に矯正治療の恩恵を与えてあげたいと思っている。

(同上)

例 (7) 中的“パワー”表示“蕴藏在人类身体中的某种能力”，这类抽象事物不出现在ヤル构式中。这类抽象事物可与动词“与える”等搭配，构成“パワーを与える”这一短语。动词整合进入构

式，这类抽象事物就可以出现在物的传递恩惠型テヤル中。例（8）的“恩惠”等抽象名词也是如此。

物的传递恩惠型テヤル中，接受者又是受益者。一般情况下，表示消极意义的动词或传递物不能出现在テヤル构式中。例如：

（9）＊子供に悪い影響を与えてやった。

（《中国日语学习者语料库》）

例（9）中的“悪い影響”这一抽象事物具有消极意义，“悪い影響を与える”这一行为不利于孩子。物的传递恩惠型テヤル表示恩惠义，所以这类传递物不能用于物的传递恩惠型テヤル中。

物的传递恩惠型テヤル的原型用法中，传递前，给予者领属传递物；传递后，接受者领属传递物，物体的转移时包括所有权的转移。这些要素在扩展用法中可扩展为：传递前，给予者自由支配传递物；传递后，接受者自由支配传递物。受某些动词语义的影响，物体的转移不包括所有权的转移。例如：

（10）彼女は、ビートルズを聴いたことがないのなら、姉さんのレコードを貸してあげるといってくれたのだ。

例（10）中，给予者“彼女”将自己姐姐的“レコード”借给接受者。传递前，给予者并不领属传递物，而是可以自由支配传递物。同样，传递后，接受者也是自由支配传递物。同时，句中的“貸す”这一动词语义也表明这一传递过程中只是传递物发生了转移，传递物的所有权没有转移。

4.1.2　物的传递恩惠型テクレル

物的传递恩惠型テクレル表示给予者 X 有意以某种方式致使传递

物Z转移至接受者Y（认知主体一方）处。这一构式的认知图式可如图4.2所示。

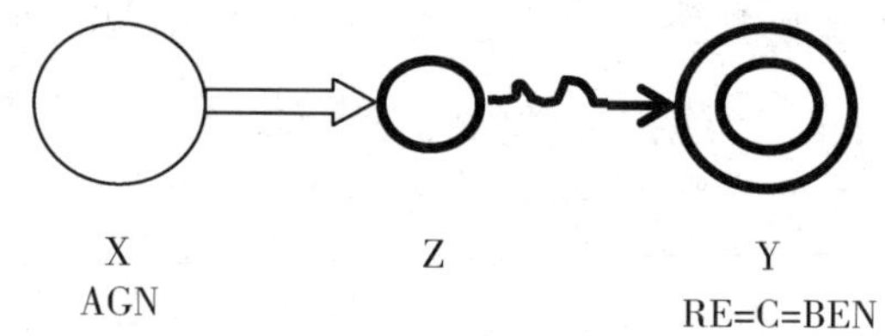

图4.2　物的传递恩惠型テクレル的认知图式

X：给予者　Y：接受者　Z：传递物　C：Conceptualizer，认知主体
AGN：Agent，施事　RE：Recipient，接受者　BEN：Beneficiay，受益者

物的传递恩惠型テクレル是从接受者（认知主体一方）的角度描述该事件，构式突显了"送给（认知主体一方）""（认知主体一方）获物"这两个方面。

4.1.2.1　给予者

与クレル构式一致，物的传递恩惠型テクレル中的给予者为生命体，具有将某物传递给他人的意志性。构式中的给予者可以扩展为机构、组织。

（11）しかし、今後百年間にわたり全世界で使われても、必要とされるトリウムの総量は、せいぜい二百万トンほどである。安価でもあるので、どこかの国が必ず売ってくれるだろう。（BCCWJ）

例（11）中的给予者是"国"，在转喻这一认知机制的作用下，"国"被转喻为人。

物的传递恩惠型テクレル中，给予者还可以是非生命体，给予者为非生命体时不具有意志性。

（12）テレビのコマーシャル、深夜放送、漫画本などが彼らに紹介してくれる社会のイメージは、現実離れした、本物からほど遠いニセモノがあまりにも多い。　（BCCWJ）

（13）一人ぼっちで生きている場合、この感動と興奮は、大きな馬力となって生きることの楽しさや、生きることの意味を教えてくれる。　（同上）

例（12）中的给予者是“テレビのコマーシャルなど”，例（13）中的给予者为“感動と興奮”。这些非生命体没有主动传递的意志，但认知主体有接受的意愿。

4.1.2.2　接受者

物的传递恩惠型テクレル中，接受者为认知主体或认知主体一方。接受者的原型用法是生命体。

（14）僕の『教祖様』の熱心な読者であったが、…某所で門外不出の家宝としていた「赤衣の親様」の肖像画を発見して、何度も足を運んでお願いし、写真にとることを許されたからとて、一枚僕にゆずってくれた。

（BCCWJ）

例（14）中的接受者是说话人。由于接受者多为说话人或说话人一方，如果上下文的语境明确，构式中的接受者这一论元角色常常被省略。

（15）ただし、子供三人の養育費は、前の夫がきちんと払ってくれているそうです。　（BCCWJ）

例（15）中的接受者是“彼女”，可以从句子的上下文中寻找到这一接受者。

物的传递恩惠型テクレル中，认知主体的观察视点位于接受者一

方。当句中出现机构、组织和生命体时，认知主体一般容易将生命体视为己方。所以，一般情况下，物的传递恩惠型テクレル中的接受者为生命体，不会扩展为机构、组织。

4.1.2.3 传递物

物的传递恩惠型テクレル的原型用法中，传递物为具体的、有形的物体。扩展用法中，传递物可以扩展为抽象事物。

（16）今迷いの生じてきた日本の官僚制度を考え直すとき、この「平等・公平・文治政策」に象徴される文化の薫り高い精神は、よい示唆を与えてくれる。 （BCCWJ）

（17）この徳は目下勉学時代にある諸君にとって極めて貴重なものであるが、臨床医になったときにも計り知れないほどの恩恵を与えてくれる。

（同上）

例（16）、（17）表明，与物的传递恩惠型テヤル一样，“恩惠”“示唆”等抽象事物可以和动词“与える”一起整合进入物的传递恩惠型テクレル中。

物的传递恩惠型テクレル中，接受者是受益者，所以具有消极意义的传递物一般不会出现在构式中。例如：

（18）＊しかし、情報化社会は私たちに悪影響も与えてくれた。

（《中国日语学习者语料库》）

（19）＊選定した物と違っている物を送ってくれるおそれもある。 （同上）

例（18）中出现了“悪影響”，这样的结果不利于认知主体一方；例（19）中，由于商家的失误，送来的不是自己预订的商品，这些传递行为不利于说话人。这两个句子都不能成立。

但是，在语境这一外部动因的作用下，传递物可以扩展为具有消极意义。此时，构式会压制名词义，使得传递行为具有有利于认知主体一方这一语义。例如：

（20）未払金を完済するまで、約四年の月日がかかりましたが、目標を失うことの怖さを教えてくれたという意味で、この経験はぼくにとって非常に貴重なものとなっています。

（BCCWJ）

例（20）中，“怖さ”表示“令人害怕的”，具有不利义，但是整个表达式的意思可以表明这一经历带给自己某种恐惧的，但是这样的经历对说话人来说很珍贵。也就是构式仍表示有利于认知主体一方，构式的恩惠义压制了名词的语义。

4.1.3　物的传递恩惠型テモラウ

物的传递恩惠型テモラウ表示接受者 Y（认知主体一方）以某种方式从给予者 X（非认知主体一方）处获得传递物 Z 或 Y（认知主体一方）施以影响使得 X（非认知主体一方）以某种方式传递某事物，使得接受者 Y 最终获得传递物。这一构式的认知图式可用图4.3 表示。

物的传递恩惠型テモラウ突显了“（认知主体一方）获物”这一最终结果，构式以结果来转喻整个传递事件。

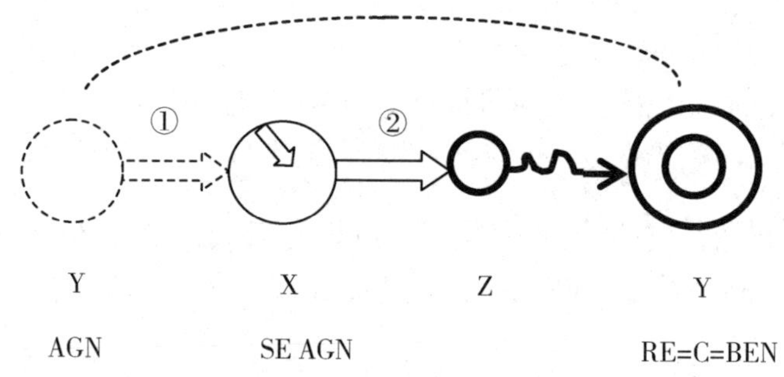

图 4.3　物的传递恩惠型テモラウ的认知图式

Y：接受者　　　　X：给予者　　　　Z：传递物

AGN：Agent，施事　RE：Recipient，接受者　BEN：Beneficiay，受益者

C：Conceptualizer，认知主体　　SE AGN：Secondary Agent，次施事

与モラウ构式一样，物的传递恩惠型テモラウ中的传递物不能自主从给予者转移至接受者，应是给予者施以能量致使其移动，也就是如图中②显示的过程，构式含有给予者实施能量致使传递物移动的过程。给予者给物既有可能是其自主意志下的行为，也有可能是接受者施以影响使之给物的结果，所以构式还包含图中的①所显示的过程。图中的①所显示的过程的终点是给予者，此时给予者就是“次施事”，接受者（即主语）成为施事。施事向给予者施以影响后，次施事再施以影响至传递物上，使之移动至接受者 Y 处。构式以结果来转喻整个传递事件，这是“YはXにZをVてもらう”具有使役性和被动性的认知动因。

4.1.3.1　接受者

物的传递恩惠型テモラウ的原型用法中，接受者为生命体，具有获得传递物的意愿，或者具有施以影响使得给予者传递某一事物的意愿。例如：

（21）家は、長女の時は実家に買ってもらいました。（BCCWJ）

例（21）中，接受者是说话人，在句中被省略。与物的传递恩惠型テクレル一样，由于接受者多为说话人或说话人一方，如果上下文的语境明确，构式中的接受者这一论元角色常常被省略。

4.1.3.2　给予者

物的传递恩惠型テモラウ的原型用法中，给予者为生命体，具有给予的意愿。给予者还可以扩展为机构、组织。例如：

（22）本当に彼に警察が疑いをかけたのなら、大学から答案用紙を提出してもらい、それについている指紋を調べるよ。

（BCCWJ）

（23）ホテル側から提出してもらった宿泊客リストによると、当夜の泊まり客は、キャパシティの約七十パーセント、二千九百六十五名で、うち、団体が五百名ほどいる。

（同上）

例（22）中的给予者是大学，例（23）中的给予者是旅馆，两者都以机构转喻人。这时构式多用格助词“から”表示传递的起点。给予者是非生命体且使用格助词“に”的例子非常少。例如：

（24）皮膚科に紹介状を書いてもらい、妊婦でも使える塗り薬をもらいました。

（BCCWJ）

例（24）中的给予者是医院的某一专业科室名，以科室名转喻医生也与实际相符，现实生活中大家多关注求医问诊的科室，而不是记住医生的名字。

4.1.3.3　传递物

物的传递恩惠型テモラウ的原型用法中，传递物是具体的、有形

的物体，多为非生命体，笔者从语料库BCCWJ中也检索到了传递物为生命体的例子。

（25）江川卓なる投手を、阪神から金で買い取ってもらいたい、ということだった。（BCCWJ）

例（25）表示球队引进投手，这一特定的语境表示“江川卓”这一生命体的所有权为球队所有，此处的传递物实际指球员的所有权。

4.2 构式[①]和动词的整合

物的传递恩惠型授受补助动词构式表示物的传递和恩惠义。具体语言表达形式（即实体构式）的语义是构式和动词互动后得以体现的。所以，分析具体的物的传递恩惠型授受补助动词构式的用法，要了解实体构式的形成过程。构式是一种完形图式，实体构式是动词代入构式这一完型图式后形成的（Goldberg，1995；吴海波译，2007：1-8）。

4.2.1 实体构式的产生过程

实体构式的产生过程就是动词的参与者角色和构式的论元角色相熔合的过程。动词的参与者角色与动词的框架语义有关。例如商业交易事件，是一个基于人类商业活动经验而形成的典型认知框架，该框架包含买主、卖主、款项和获物，语言中任何与该框架相关联的词语

① 这里的“构式”是指物的传递恩惠型授受补助动词构式。标题中提到的“构式”都是指本章一级标题所指的构式类型。下同。

都与整个商业框架相连通，且会在说话人头脑中激活整个商业框架（转引自程琪龙，2006：164）。以日语为例，“売る”突显卖方关于商品的行为，这时买方和钱是背景。“買う”这一动词正相反。以商品为背景，这两个动词处于同一语义框架下，动词的参与者角色有所不同。例如：

（26）a. 太郎が花子に本を売った。

b. 花子が太郎から本を買った。

例（26）a 中，“売る”这一动词有三个参与者角色，句子突显卖方“太郎”、买方“花子”和商品“本”。例（26）b 中，“買う”这一动词有三个参与者角色，句子突显买方“花子”、卖方“太郎”和商品“本”。两个句子的意思正好相反。

同词项一致，构式也有论元角色，且由构式规定哪些角色可以被侧重。上述的两个动词都可以构成物的传递恩惠型授受补助动词构式，例如：

（27）a. 太郎は花子に本を売ってやった。

b. 太郎は花子に本を買ってやった。

例（27）中构式具有给予者、传递物、接受者三个论元角色。需要指出的是，“買う”构成物的传递恩惠型授受补助动词构式后不再突显买方和商品，而是突显给予者将传递物传递给接受者的过程。此时，从某人那里获得商品成为了构式突显的语义的背景。

确定了动词的参与者角色和构式的论元角色，就可以继续讨论两者的熔合过程。双及物构式①可以表述为：CAUSE - RECEIVE < agt rec pat >（Goldberg，1995；吴海波译，2007：48）。其中的黑体

① Goldberg（1995）中译本的译词使用了这一术语。双及物构式包括学者所指出的双宾构式及以句中含有介词“to”或“for”的与格构式。

表示被侧重的论元角色，可以用图 4.4 所示的框盒图表示。

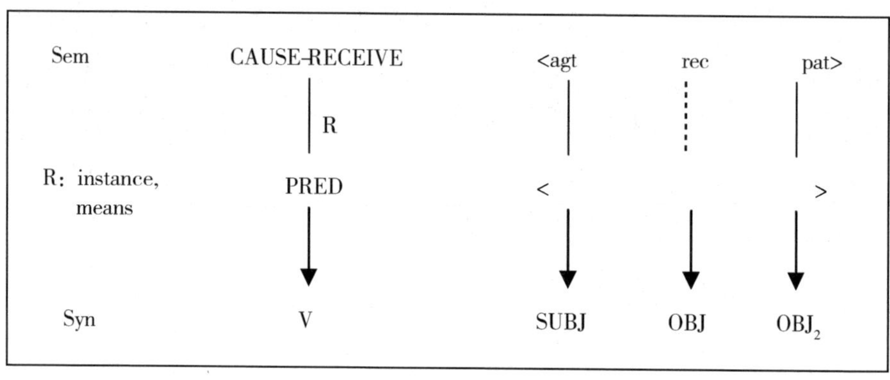

图 4.4　英语的双及物构式

（Goldberg，2007：48）

Sem：semantics，语义　R：relation，关系　instance：例示

PRED：predicate，谓词　Syn：syntax，句法

AGN：Agent，施事　RE：Recipient，接受者　pat：patient，受事

SUBJ：Subject，主语　OBJ：Object，直接宾语　OBJ_2：$Object_2$，间接宾语①

图中第一行是构式的意义“CAUSE - RECEIVE < agt rec pat >”，PRED 是一个可以由动词填充的变项，当该动词被整合进构式时，该动词被看作是一个常项。构式规定哪些构式角色必须与动词的角色熔合：构式角色和动词的参与者之间的实线表示这些角色必须熔合。可以由构式提供的角色用虚线表示。构式还规定动词以何种方式整合进构式，即关系 R 是哪一类关系（Goldberg，1995；吴海波译，2007：48）。

图 4.4 表示了一个语义层面和一个语法功能项的句法层面之间的

① 本章图示中的注释均为笔者所加。

配对。双及物构式中最典型的情况是：与动词相关联的参与者角色和与构式相关联的论元角色之间存在一一对应的关系，这种情况下，动词自身意义与构式意义相同，动词为构式表示的事件添加信息。例如，动词 hand 与三个被侧重的参与者相联：hander（传递者）、handee（接受者）、handed（传递物）。hand 代入构式，就可以形成一个实体构式“He handed me a glass of beer”。图 4.5 表示了具体的动词“HAND”形成具体的双及物构式的过程，动词“HAND”不仅例示了双及物构式的意义，而且还表示了传递过程中的方式（Goldberg，1995；吴海波译，2007：49）。

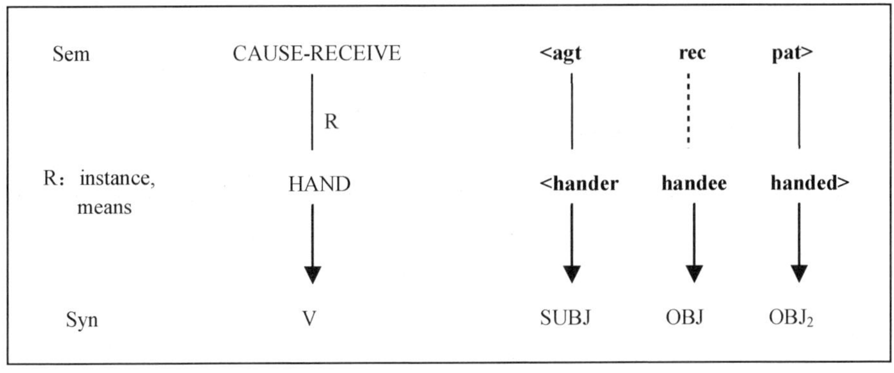

图 4.5　复合熔合构式：双及物 + hand

（Goldberg，2007：49）①

4.2.2　动词和构式的整合方式

物的传递恩惠型授受补助动词构式的概念结构是“CAUSE－RE-

① 图示中的英文缩写同图 4.1，此处不再标注。下同。

CEIVE < agt rec pat >”，与之相对应的句法结构应为“SUBJ - wa DATIVE - ni OBJ - wo”，形成了传递方向不同的テヤル、テクレル、テモラウ构式。根据动词的参与者角色与构式的论元角色熔合时的方式，可将动词与构式的整合方式分为角色对应（Correspondence of Roles）和角色误配（Mismatches of Roles）。角色误配又可分为角色的侧重误配与角色数量误配（Goldberg，1995；吴海波译，2007：47 - 52）。

4.2.2.1 角色对应

角色对应是指动词和构式两者所含角色在语义上具有兼容性，这样就能在角色上实现对应性熔合（Goldberg，1995；吴海波译，2007：48）。动词与构式的整合中，最典型的情况就是与动词相关联的参与者角色和与构式相关联的论元角色之间存在一一对应的关系，如“与える、送る、貸す、渡す”等动词。这些动词的语义与构式语义（即物的传递）相同，动词与构式整合后，具体表达形式可以体现出动作方式等信息。例如：

（28）明治、大正、昭和と、三代にわたってオピニオン・リーダーの役割をはたした「中央公論」の嶋中雄作社長は、全社員に病床から、次のような別れの言葉を送った。

（BCCWJ）

例（28）表明，动词“送る”与三个被侧重的参与者相联：“嶋中雄作社長”，即 okuru - er（传递者）。“全社員”，即 okuru - ee（接受者）。“別れの言葉”，即 okuru - ed（传递物）。“送る”嵌入传递义授受补助动词构式时，它的三个被侧重的参与者与授受补助动词构式中被侧重（profile）的论元角色可以一一对应。同样以 Goldberg（1995）的框盒图为摹本，可将“送る”与物的传递恩惠型授受补助动词构式的整合过程以图 4.6、4.7 表示如下。

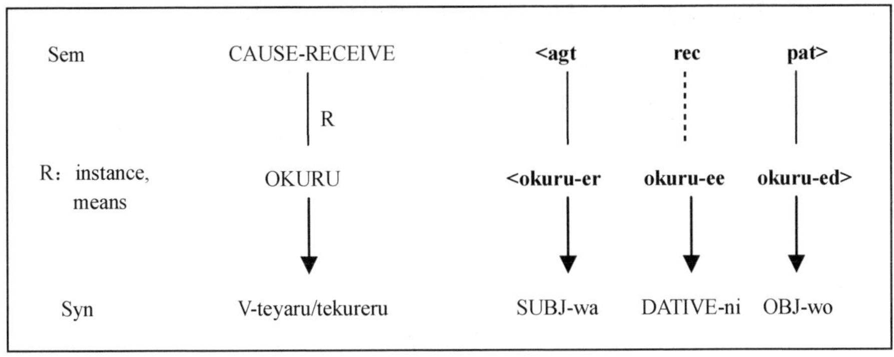

图 4.6　复合熔合构式：物的传递恩惠型テヤル/テクレル＋送る①

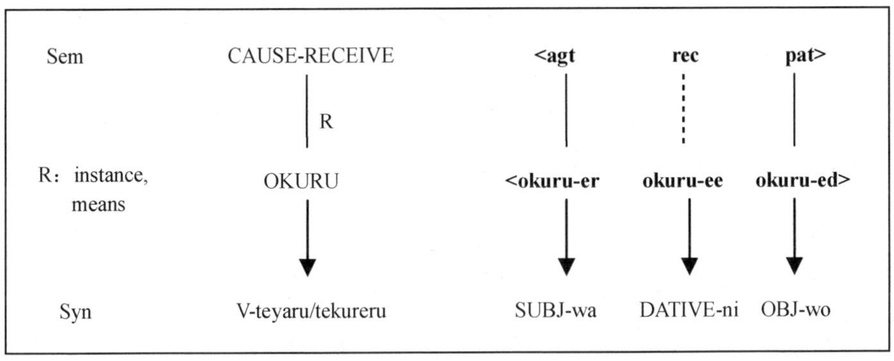

图 4.7　复合熔合构式：物的传递恩惠型テモラウ＋送る

图 4.6、4.7 中，第一行是构式的意义“CAUSE – RECEIVE < agt rec pat >”，或“CAUSE – RECEIVE < rec se – agt pat >”。第二

① テヤル、テクレル构式中动词的参与者角色与构式的论元角色相对应的方式一致，テヤル、テクレル构式的区别仅在于认知主体一方是给予者还是接受者。图 4.4 只用来说明动词的参与者角色与构式的论元角色相对应的方式，所以图示中不再标示テヤル、テクレル构式的区别。

行由动词填充的变项，当该动词被整合进构式时，该动词被看作是一个常项。第三行是授受补助动词构式的具体结构。“V - teyaru/V - tekureru”表示“Vてやる/Vてくれる”，“V - temorau”表示“Vてもらう”。“SUBJ - wa　DATIVE - ni　OBJ - wo”表示“～は～に～を～”。

“送る”的三个被侧重的参与者角色与构式侧重的论元角色意义对应，这一动词与构式整合后形成的具体表达形式如例所示。

（29）a. 海外に住んでいる姪に雑誌を送ってあげようと思いますが何かおすすめの雑誌を教えてください。

b. 貧しい私たちを見かねたおばあちゃんは、何度もママに大袋いっぱいのインゲン豆を送ってくれた。

c. 弁護士に内容証明を送ってもらい示談成立後、彼女はカウンセリングを受け立ち直った。　（BCCWJ）

这三个例子表示“给予者用寄送、运送等方式将传递物转移至接受者”。其中例（29）a 中，物的传递恩惠型テヤル的给予者是说话人，接受者为“姪”，传递物为“雑誌”。例（29）b 中，物的传递恩惠型テクレル的给予者是“おばあちゃん”，接受者是“ママ”，传递物是“インゲン豆”。例（29）c 中，物的传递恩惠型テモラウ的给予者是“弁護士”，接受者是“彼女”，传递物是“内容証明”。

4.2.2.2　角色的侧重误配

角色的侧重误配中的对应原则仅适用于一个方向，即被侧重的参与者角色必须与构式被侧重的论元角色熔合（Goldberg，1995；吴海波译，2007：51）。

角色的侧重误配方式有两种情况。其中一种是：有些动词只有两个被侧重的、必有参与者角色。这类动词可能还有一个参与者角色，它是潜在存在于动词的框架语义中，如 mail。当这类动词与双及物构式整合时，动词的这个潜在的参与者角色与构式的一个被侧重的论元角色熔合，该参与者传承被侧重的状态（Goldberg，1995；吴海波译，2007：50－51）。

日语中的有些动词，例如“出す”，表示“中にあったものを外へ移す”，动词侧重于表示“拿出、取出、送出某物”。该动词一般有两个被侧重的、必有参与者角色，即“拿出物体的人（dasu－er）”“被拿出的物体（dasu－ed）”。例如：

（30）五分も歩かないうちに、道端に自動販売機があった。妙子は、百円玉を放りこみ、暖かいミルクティーを出した。（BCCWJ）

例（30）表明，动词“出す”的必有参与者角色是“妙子”和“暖かいミルクティー”。“出す”还有一个潜在的未被侧重的参与者角色“收到物品的人（dasu－ee）”，例（30）中没有这一角色，这个角色存在于“出す”这一动词的框架语义中。“出す”的参与者角色可表示为：

出す < **dasu－er**　　dasu－ee　　**dasu－ed** >

其中，未被加粗的参与者角色表示未被侧重。

当“出す”和物的传递恩惠型授受补助动词构式整合时，构式把被侧重的地位加给“收到物品的人（dasu－ee）”这一潜在的参与者角色。“出す”与物的传递恩惠型テヤル整合的过程可用图 4.8 表示①。

① 由于图示大致相同，所以只例举动词与テヤル构式整合的过程。下同。

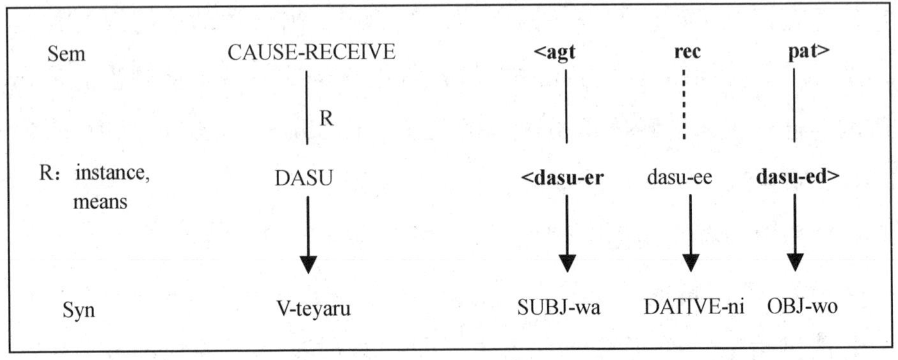

图4.8 复合熔合构式：物的传递恩惠型テヤル+だす

（构式中被侧重的接受者论元在动词中未被侧重，所以该参与者角色“dasu－ee”没有被加粗，这一点与图4.6不同。）

动词“出す”与构式整合后形成的具体表达形式如例所示。

（31）a. お姉ちゃんが歯磨きをするときに、一緒にあいちゃんにも歯ブラシを出してあげました。

b.「でも、どうして君に金を出してくれるのだ。」「わたしのお店に、賛成してくれるからでしょう。」

c. 一家の生活の糧を得るために、妻のロサリアは、父と弟に資金を出してもらい、美容院を始めた。（BCCWJ）

例（31）a中，给予者是说话人，接受者是“あいちゃん”，传递物是“歯ブラシ”。例（31）b中，给予者是“彼”，可以从句子的上下文中寻找到这一被省略的论元角色。接受者是“君”，传递物是“金”。例（31）c中，给予者是“父と弟”，接受者是“ロサリア”，传递物是“資金”。例（31）a、b、c中，构式将接受者这一论元角色强加给动词“出す”的这一潜在的参与者角色。

侧重误配还有一种情况，即有些动词有三个被侧重的参与者角色，如put，而构式也有三个论元角色，但是只有两个被侧重的论元角色，如致使－移动构式。当这类动词与致使－移动构式构式整合时，动词被侧重的参与者角色与构式的一个未被侧重的论元角色熔合（Goldberg，1995；吴海波译，2007：49）。

日语也存在这类侧重误配的情况。例如，动词“入れる”一般有三个参与者角色，“放置者（ireru－er）”“放置物（ireru－ed）”，还有一个表示移动目标的“放置地（ireru. goal）”。例如：

（32）「ありがとう」ローラはかすれた声で言い、ポケットに名刺を入れた。

（BCCWJ）

例（32）中，“ポケット”是物体移动的目标（ireru. goal）”。“入れる”与物的传递恩惠型构式整合时，物体移动的目标是非生命体，不能成为接受者论元。但是构式应容纳动词所有被侧重的参与者角色，于是在テヤル、テクレル构式中，生命体出现在构式中，移动的目标成为生命体的所属物。即使生命体不出现在构式中，语境也表明移动的目标是某一生命体的所属物，因此有可能以转喻的认知机制使得目标成为构式中被侧重的接受者这一论元角色。这一整合方式可以用图 4.9 表示。

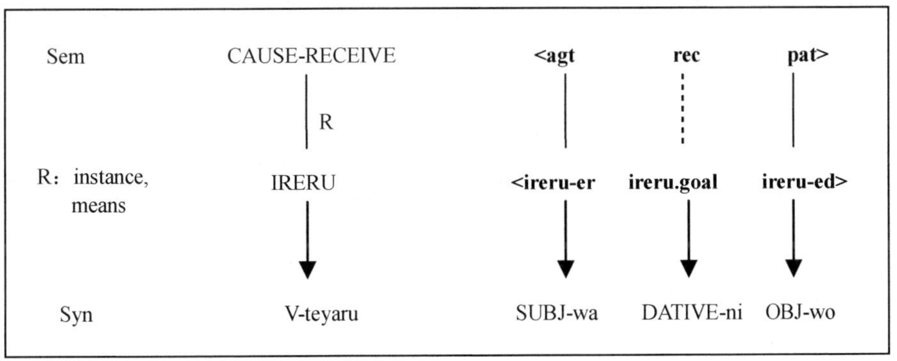

图 4.9 复合融合构式：物的传递恩惠型テヤル＋入れる

“入れる”与物的传递恩惠型テヤル、テクレル整合后可形成下例所示具体表达形式。

(33) a. ミセス・＊＊＊は、リー・ハントの膝に座って、彼の口にいちごを入れてやった。

b. 僕たちの机のひきだしやカバンの中にそっとミカンやカライモを入れてくれる親友もいたが、薄汚れた僕たちを南洋土人呼ばわりして“ススケ、ススケ”とからかうヤンチャ少年もいた。 (BCCWJ)

例(33)a中，放置的目标是“口”，为人体的某一部分，是生命体“かれ”的所属物，放置地“彼の口”成为构式的接受者论元。例(33)b中，“ひきだし”“カバン”都是非生命体，是生命体“僕たち”的所属物，它们是动词的参与者角色，表示目标的放置地。构式将接受者这一论元角色与“入れる”的放置地这一参与者角色熔合，放置地的领属者成为接受者，如例(33)a中的“彼”，例(33)b中的“僕たち”。需要指出的是，这一角色的侧重误配只出现在物的传递恩惠型テヤル、テクレル中。“入れる”这类动词与物的传递恩惠型テモラウ整合时，其整合遵循第一种角色的侧重误配方式，与例(31)c所示的过程一致。

4.2.2.3 角色数量误配

动词与构式的整合，除了上述两种整合方式，还有角色数量误配这一方式。即构式的论元角色不必一一对应动词的参与者角色，构式可以增加并非由动词提供的角色(Goldberg，1995；吴海波译，2007：51)。

“作る”这个动词，它的参与者角色是“制作人(tsukuru－er)”

和“制作物（tsukuru－ed）”。例如：

（34）生徒は形を選択し，材料を選び，自分たちのボートを作った。　　(BCCWJ)

例（34）中，“生徒”是施事，“ボート”是“作る”生成的物体，动词只表示生成某一物体这一语义。

物的传递恩惠型授受补助动词构式的论元角色是给予者、传递物和接受者。当“作る”和物的传递恩惠型テヤル整合时，构式可以提供接受者这一论元角色，它与动词的参与者角色没有联系，角色的熔合可如图 4.10 所示。

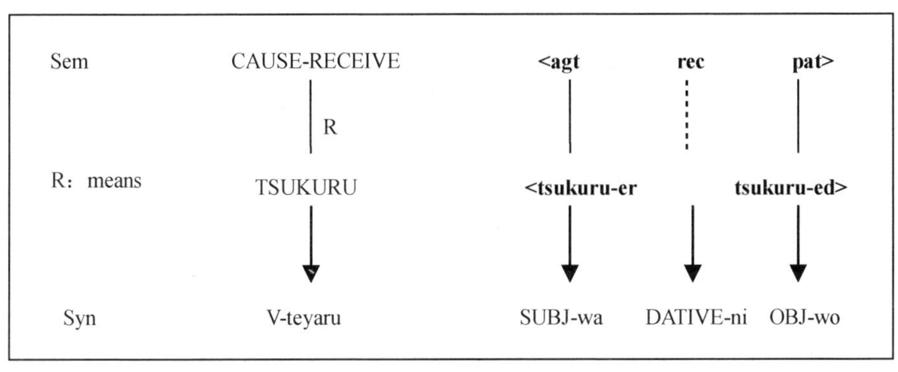

图 4.10　复合熔合构式：物的传递恩惠型テヤル＋作る

根据语义一致原则，参与者角色不能以其他方式与论元角色熔合。制作人（tsukuru－er）与施事熔合，因为施事是唯一一个与其语义一致的角色。制作物（tsukuru－ed）是受事角色而非接受者论元，所以，接受者角色只能由构式提供。动词“作る”与物的传递恩惠型授受补助动词构式整合后形成的具体表达形式如例所示。

（35）a. 友達にクッキーを作ってあげるんですけど、何かオススメのクッキーとかあったら教えていただけますか?

b. そんな私に、カミさんが作ってくれた昼食はソーメンと焼き飯でした。

c.「ぼく、ココアが好きですねん。甘い甘いのをおかあはんによう作ってもらいます」 （BCCWJ）

例（35）a 的接受者是"友達"，例（35）b 的接受者是说话人，例（35）c 的接受者也是说话人。这三个句子中的接受者不是动词"作る"中的必有参与者角色，而是物的传递恩惠型授受补助动词构式赋予动词的。

通过上面的讨论可知，与 Goldberg（1995）描述的一致，动词与物的传递恩惠型授受补助动词构式整合时，主要按照角色对应、角色的侧重误配、角色数量误配的方式进行。

4.3 构式的部分能产性

Goldberg（1995）指出，一个构式的语义一旦被抽象出来并为人们掌握，人们可以将这一构式和其他新出现的动词（该动词与原有的动词类似或属于同一类）整合，例如新词"fax"可以出现在双及物构式中形成"Tom faxed Bob the report（汤姆传真给鲍勃这份报告）"这样一个具体表达形式。这是因为"fax"这一词语与"mail"类似，其语义与构式义相符合。因此，可以说许多构式的使用在某种程度上是能产的（productivity）（Goldberg，1995；吴海波译，2007：116）。但是，双及物构式并非是完全能产的。看似关系密切的动词与双及物构式的关系并不相同。例如：

（36）a. Joe told Mary a story.（乔给马丽讲了一个故事。）

b. ＊Joe whispered Mary a story.（乔低声给马丽讲了一个故事。）

（Goldberg，1995；吴海波译，2007：117）

例（36）中的“tell”和“whisper”看似属于同一类动词，但是例（36）a可以成立，例（36）b不能成立。Goldberg（1995）称之为构式的部分能产性（partial productivity），该研究还认为双及物构式的部分能产性还表现在限定动词的类型，如“carry”“lift”等不能构成双及物构式（Goldberg，1995；吴海波译，2007：125）。

物的传递恩惠型授受补助动词构式亦是如此。从日语的表现来看，制作类动词可以整合进入物的传递恩惠型授受补助动词构式。但是，有些动词与该类动词类似，却不能整合进入物的传递恩惠型授受补助动词构式。例如：

（37）a. 太郎は花子に本を読んでやった。

b. ＊太郎は花子に本を黙読してやった。

（澤田淳，2007a：78）

例（37）a与例（37）b的动词类似。例（37）a表示太郎读书给花子听。句子含有太郎将书的内容转化为声音传递给花子这一含义。例（37）b中的动词“黙読する”不能构成物的传递恩惠型テヤル，句子不能成立。看似关系密切的动词，一个可以构成物的传递恩惠型授受补助动词构式，一个不能构成物的传递恩惠型授受补助动词构式，这就是物的传递恩惠型授受补助动词构式的部分能产性。下面就根据构式的部分能产性这一理论分别讨论能够与物的传递恩惠型授受补助动词构式整合的动词和不能与这一构式整合的动词。

4.3.1 能够与构式整合的动词

物的传递恩惠型テヤル、テクレル、テモラウ都表示给予者有意以某种方式致使传递物转移至接受者，这一过程需要三个参与者：给予者、接受者、传递物。分析能够进入物的传递恩惠型授受补助动词构式的动词（可称为传递类动词），可以发现这些动词表示的动作事件与物的传递有某种联系，如传递的前因、后果、方式、途径等。这些分事件与物的传递事件关系密切，是转喻的机制使它们能够以分事件来转指整个物的传递事件。对这些动词进行分类，能更好地了解这些动词所表示的分事件以及这些动词如何通过构式获得物的传递这一语义。

给动词分类，首先要确定分类标准。现有研究中，山田敏弘（2000b）、杨玲（2008）都尝试过对授受补助动词构式中的动词分类。山田敏弘（2000b）以动词是否具有移动性为标准对テクレル句中的动词进行了分类，如图4.11所示。

山田敏弘（2000b）比较全面地分析了语义中包含有移动的动词，指出了“言語付随型主体移動動詞”“発話内容移動動詞”“態度的働きかけ動詞”等动词的语义中包含有移动，对我们分析动词语义中的移动有较大的启发作用。

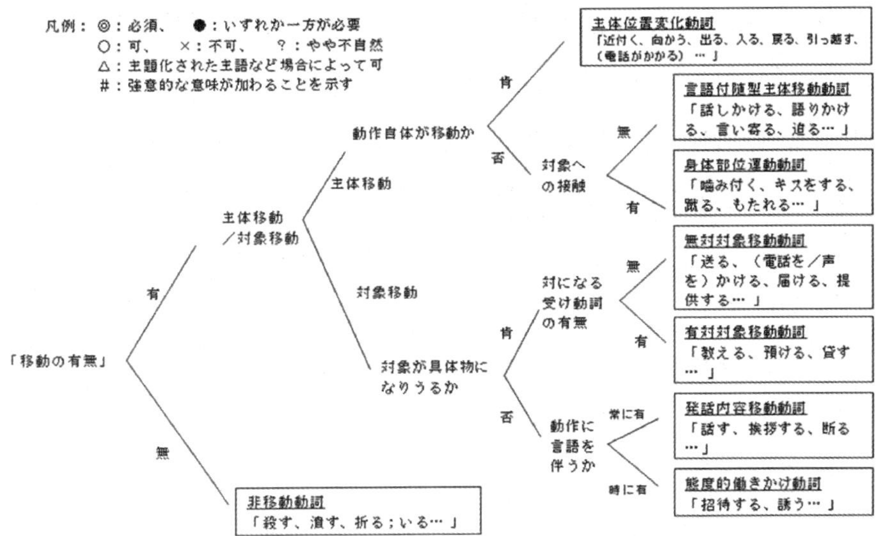

图 4.11　山田敏弘（2000b）的动词分类

（山田敏弘，2000b：94）①

物的传递中必定存在移动。但是，语义中包含移动的动词未必能表示物的传递。例如，"行く"等"主体位置変化動詞"不表示物的传递。"言語付随型主体移動動詞""無対対象移動動詞""有対対象移動動詞""発話内容移動動詞""態度的働きかけ動詞"等动词的语义中包含移动这一语义。但是，这些动词中，部分动词构成的授受补助动词构式并不一定突显物的传递。例如：

（38）道に迷って困っていたとき、<u>一人の老人が私に話しかけてくれた</u>。

（山田敏弘，2000b：90）

① 山田敏弘（2000b）的图示中还涉及这些动词表示内向性是与テクレ、ルテクル的搭配规则，这一部分与本书内容无关，笔者做了部分删减。具体内容请参看相关资料。

例（38）表示我正为难时，一个老人上来搭话帮助了我。“話しかける”这一动词的语义框架中包含有将话语等信息传递给某人的含义。但是，例（38）中话语这一传递物并没有出现在句子中。而这一论元角色并不是由于语境明确时被省略的，而是“話しかける”这一动词被概念化的过程中，传递物已包含在动词语义中不再突显。所以“話しかける”构成的例（38），构式无法从动词的参与者角色中找到能够与传递物论元相熔合的角色①。以动词语义是否包含移动来分类，也会有遗漏，如制作类动词。制作类动词的语义中不包含移动，但是这类动词可以整合进入到物的传递恩惠型授受补助动词构式中。

杨玲（2008）以动词语义为分类标准，将日语中的动词分为两大类，一类表示物的授受，一类表示非物的授受。具体分类结果如下：

◆「モノ的授受」

Ⅰ三項授受動詞：渡す・貸す・売る・与える・見せる・教える・話す・伝える・譲る・分ける・紹介するなど

Ⅱ対象移動動詞：入れる・届ける・運ぶ・出す・移す・注ぐ・残す・流す・添えるなど

Ⅲ対象取得動詞：買う・取る・見つける・拾う・摘む・ちぎるなど

Ⅳ作成動詞：作る・歌う・読む・建てる・編む・パンを焼く・お寿司を握る・鶴をおるなど

◆「非モノ的授受」

① 动词的参与者角色能否被理解为是构式的论元角色由普遍的范畴化原则决定。（Goldberg，1995；吴海波译，2007：47）

Ⅴ単純対象作用動詞：洗う・叩く・食べる・飲む・勉強する・習うなど

Ⅵ非能格動詞：行く・来る・座る・立つなど

Ⅶ非対格動詞：死ぬ・降る・吹く・割れる・生まれる・壊れるなど

（杨玲，2008：99－100）

杨玲（2008）指出了授受补助动词构式具有多义性，将其分为两大类，一类表示物的传递，一类表示非物的传递。杨玲（2008）认为，不能以是否具有“移动”来把握授受补助动词构式中的动词，并以此区分授受补助动词构式所具有的多义性，应考虑动词的具体表现。这一看法启发了笔者。

但是，杨玲（2008）认为，动词的语义决定了授受补助动词构式的意义，动词表示物的传递时，授受补助动词构式就表示物的传递。制作类动词的语义并不表示物的传递，这类动词构成的授受补助动词构式可以表示物的传递。对此，杨玲（2008）指出，这类动词可以生成传递物，所以可以表示物的传递。这一结论似乎也不够准确。通过1.2的讨论可知，以动词的语义来把握授受补助动词构式的意义无法解释下面的语言现象。

（39）a. 花子が食べたそうだったので、僕は、花子にイチゴを摘んでやった。

b. 花子が忙しそうだったので、僕は、花子のかわりにイチゴを摘んでやった。

（高見健一・加藤鉱三，2003c：108）

例（39）a 表示摘草莓给花子，句子表示物的传递这一含义。例（39）b 表示代替花子摘草莓，句子表示恩惠义，句子不表示物的传递这一含义。同一动词构成的授受补助动词构式可以表示不同的意义，杨玲（2008）的结论无法解释。另外，杨玲（2008）的“三項授受動詞”是根据句法结构的特点命名的，如果按照语义来命名，“三項授受動詞”也可以称为“对象移動動詞”，山田敏弘（2000b）就将它们归属于“对象移動動詞”。可以说杨玲（2008）给动词分类时采取了两个标准。由此可知，山田敏弘（2000b）和杨玲（2008）的分类标准存在一定的不足。

了解和掌握物的传递恩惠型补助动词构式中的动词，还应从物的传递入手。将这些动词分类，有助于我们掌握动词与构式的整合过程中是如何体现出物的传递这一语义。本书沿用徐盛桓（2001）分析英语双宾动词时的术语，将传递义授受补助动词构式中的动词分为三类：显性传递类、潜性传递类①、零传递类动词。

4.3.1.1 显性传递类动词

显性传递类动词，也可以称为典型传递类动词，一般以“～は～に～をV”的句法结构出现。按照传递物的性质还可分为实物传递类，如“渡す、貸す、売る、買う、与える、譲る、分ける、送る”等；信息传递类，如“教える、話す、伝える、紹介する、知らせる、返事する”等。信息传递是通过隐喻作用，从实物传递扩展而来的。这些动词语义具有物的传递这一含义，动词与构式整合后，具体的表达形式还可以体现出动作方式等信息。显性传递类动词一般有三个被侧重的参与者，这些参与者与授受补助动词构式中被侧重的论元角色一

① 原文如此。根据徐盛桓（2001）的论述，可以推断该研究之所以使用潜性不用隐性这一术语，是因为制作类动词也属于隐性传递类动词。潜性的意思是动词语义就包含物体的移动，与构式整合后可突显物体的移动这一语义。零传递类动词语义中不包含有物体的移动，与构式整合后由构式赋予接受者论元后才可突显物体的移动这一语义。

一对应，这类动词是以角色对应的方式整合到物的传递恩惠型授受补助动词构式中。例如：

（40）子どもが園でどんな生活をしているかが心配でしかたがないようである。そんな母親の不安や心配を少しでも少なくするために，園での生活を親に知らせてあげることが必要であろう。（BCCWJ）

（41）最初に登場した映像は羽ばたきながら遠くに消えてゆく鳥の姿だったのだ。オルガ・テルがぼくに譲ってくれたリールの冒頭、マックス・キャッスルが自主製作した未完映画の唯一残っている断片の一シーン。

（同上）

（42）岡本清一には政治思想の土台を教えてもらっている。

（同上）

例（40）的“知らせる”、例（41）的“譲る”、例（42）的“教える”都是显性传递类动词，动词的三个参与者角色——施事、受事、动作对象与构式的三个被侧重的论元——给予者、传递物、动作对象一一对应。

4.3.1.2　潜性传递类动词

潜性传递类动词有“入れる、届ける、運ぶ、出す、移す、注ぐ”等动词，一般以“～は～に～をV”的句法结构出现，句中的“～に”表示移动的目标；“取る、見つける、拾う、摘む”等表示“取得、获得”的动词，一般以“～は～をV”的句法结构出现；“書く、電話する、連絡する”等表示信息交际或通讯类动词，句法结构一般表现为“～は～に～をV”或“～は～をV”，其中的“～に”表示对象，也可以说是移动的目标。总之，这些潜性传递类动词都包含有移动这一语义。

上述几类动词的特点是：动词主要有两个被侧重的参与者，即施事和受事。有时还会出现另一个参与者，即移动的目标，移动的目标可以是某一生命体或生命体的所属物。动词与构式整合时，构式接纳这些动词的所有参与者角色，最终以侧重误配的方式使得移动的目标与构式的接受者论元熔合。潜在的给予者角色与构式的给予者论元熔合，形成了这类动词与传递义授受补助动词构式的复合熔合结构。例如：

（43）朝一番で、ミルクティーを作り、妻のベッドに運んであげることを実行している。（BCCWJ）

（44）出立の日には朝から来て、色々世話をやいた。来る途中小間物屋で買って来た歯磨と楊子と手拭をズックの革鞄に入れてくれた。（同上）

（45）自営業の主人は帰宅時間が決まっていません。温めなどの準備のために帰る前には電話をかけてもらっているのです。（同上）

例（43）中，“ベッド”是移动的目标，是生命体“妻”的所属物，动词和构式整合时，构式使得移动的目标和构式的接受者论元熔合，移动的目标这一动词的参与者角色成为物的传递恩惠型テヤル中的接受者。例（44）中，“革鞄”是“歯磨と楊子と手拭”被放置的目的地，为说话人所有。动词的这一参与者角色与构式中的接受者论元熔合，成为物的传递恩惠型テクレル中的接受者。例（45）中，说话人接到电话，其中潜在地存在打电话的人，即“自営業の主人”，构式使得动词的参与者角色与构式的给予者论元熔合，成为物的传递恩惠型テモラウ中的给予者。

4.3.1.3　零传递类动词

零传递类动词主要包括“作る、編む、焼く”等制作类动词，“名づける”等命名类动词。制作类动词和命名类动词的特点是在动作开始前动作对象并不存在，通过动词所表示的行为生成该事物。这两类动词本身没有物的传递这一语义，因此称之为零传递类动词。它们能够进入传递类授受补助动词构式，是因为这两类动词表示的分事件与物的传递有某种联系，可以认为制作和命名类动词表示的分事件是传递的先行事件，先制作出某种物体再给予，起名字就是为了给某人命名。这两类动词只有施事和受事两个参与者角色。这些动词与物的传递恩惠型授受补助动词构式整合时，构式赋予动词一个接受者论元。例如：

（46）a. あまり、あせってつけるより十四日の届出期間を活用して、将来改名など考える必要の無い“よい名前”を赤ちゃんに名づけてあげましょうね。

b. 父さん、僕の名前にLAWと名付けてくれたことは感謝しています。

c. 北欧型でも厚生労働省型でもないこの「グループハウス」の方式を、あえて中村さんに名づけてもらうと「当たり前型」となる。(BCCWJ)

例（46）中，动词“名づける”一般表现为“～は～を～とV”的句法结构，主要有施事和受事这两个参与者角色，“と”格名词短语表示被命名的内容。命名这一行为可以成为传递的先行事件，施事将名字给予接受者，接受者就会获得这一名字。例（46）中，物的传递恩惠型授受补助动词构式将接受者论元赋予动词“名づける”，动词能够整合进入这类构式。

总之，能够整合进入物的传递恩惠型授受补助动词构式中的动词的特点是：动词语义包含物体的转移，动词的参与者角色与构式的论元角色一一对应；或者动词的参与者角色中不一定存在接受者这一角色，但动词语义包含有物体的转移；或者动词自身语义中不包含物体的转移，但动词语义突显某种物体的存在，动词的框架语义中包含物体的转移这一语义。

4.3.2 不能与构式整合的动词

典型的传递事件表示给予者有意致使传递物转移至接受者处，物体的转移是传递的必有要素之一。如果动词语义没有物体的转移这一语义，动词的框架语义中需要具备这一语义。

有些动词，如“持つ、引く、押す”等动词，动词语义包含移动。但是，动词表示“施事以某种方式造成受事与之共同移动”，也就是说动词语义中不包含物体的转移这一语义。这类动词构成的授受补助动词构式如下例所示。

(47) a. 私は次郎の荷物を持ってやった。

b. 次郎は荷物を持ってくれた。

c. 私は次郎に荷物を持ってもらった。

(48) a. 私は次郎の手を引いてやった。

b. 次郎は私の手を引いてくれた。

c. 私は次郎に手を引いてもらった。

例 (47)、(48) 中，施事作用于受事“荷物”或“手”并与之共同移动，句中不存在传递物转移的过程，只有受益者的所属物随施事一起移动的过程。这类动词构成的授受补助动词构式不表示物的传递，只表示恩惠义。

既然物体的转移是传递的必有要素之一，传递中必须存在某种传递物。如果动词语义不能突显传递物的存在，这类动词就不能整合进入物的传递恩惠型授受补助动词构式中。例如：

（49）太郎は花子を褒めてやった。

例（49）中，“褒める”这一动词表示施动者实施了表扬这一行为，动词的概念突显了受事获益这一结果。当然，“褒める”这一行为也可能是通过语言的传递实施的，也就是说“褒める”的框架语义中包含有物体的转移这一语义。但是，例（49）中，“褒める”构成的授受补助动词构式虽然包含有将话语传递给某人的含义，构式的句法结构和意义只表示“娘”受益这一结果。构式突显的语义是恩惠义。之所以可以认为构式突显恩惠，也与动词语义不能突显传递物的存在有关。“褒める”这类动词的特点是，其框架语义中的传递物“言葉”这一抽象事物已经包含在概念化后的动词语义中，无法显现。“褒める”的参与者角色中没有传递物，构式的传递物这一论元无法找到与之能够熔合的对应的角色。即使构式能够赋予动词传递物这一论元，也找不到与之匹配的载体。这一点下面的例子也可以说明。

（50）a. 太郎は花子に本を読んでやった。

b. ＊太郎は花子に本を黙読してやった。　　［＝例（37）］

例（50）a 中，太郎通过朗读将书的内容转化成声音传递给花子，花子获得抽象的传递物“书的内容”。动词“読む”的参与者角色中没有书的内容这一抽象事物，但是，“読む”的受事是这一抽象事物的载体。所以当“読む”整合进入物的传递恩惠型授受补助动词构式时，构式的传递物这一论元可以与受事“本”这一动词的参与者角色熔合。“読む”属于能够整合进入物的传递恩惠型授受补助动词构式的动词。例（50）b 不成立，是因为默读不能产生声音，书的内容无法传递，动词语义不能突显传递物的存在，这一动词不能用于物的传递恩惠型授受补助动词构式。

下面例句中，有些动词能够用于物的传递恩惠型授受补助动词构式，有些动词不能用于物的传递恩惠型授受补助动词构式，与动词是否突显传递物的产生有关。

（51）a. 太郎は花子に魚を焼いてやった?

b. 太郎は花子に鉛筆を削ってやった?

（三宅知宏，1996：2）

（52）a. ＊太郎は花子に靴を磨いてやった。

b. ＊太郎は花子に洋服を畳んでやった。（同上）

例（51）的两个句子可以成立，例（52）的两个句子不能成立。例（51）a 的“焼く”是制作类动词，但是动词的受事“魚”是在制作前就存在的，并不是通过动词所表示的动作产生的。例（51）b 也是如此，“鉛筆”在“削る”这个动作实施之前就已存在。可以认为“焼く”“削る”是制作类动词，是因为“焼く”可以使“魚”从不好食用的状态变为容易食用的状态，“削る”可以使“鉛筆”从不好使用的状态变为容易使用的状态。这一过程相当于产生了一种外观上发生变化了的新物品。也就是说，动词语义可以突显某种事物的产生。例（52）中，“磨く”可以使“靴”从脏的状态变成干净的状态。“畳む”可以使“洋服”从无序的状态变成有序的状态。这两个动词突显受事的状态发生了改变，动词不能突显某种事物的产生，例（52）不能成立。

如果动词是多义词，可能其中的某一个语义能够突显传递物的存在，另一种语义则正好相反，是突显某种事物的消失。那么，突显某种事物的消失这一语义时，这个动词也不能整合进入物的传递恩惠型授受补助动词构式。例如：

（53）a. 太郎は花子にケーキを焼いてやった。

b. *太郎は花子にゴミを焼いてやった。

（三宅知宏，1996：2）

动词“焼く”是多义词。例（53）a 中，“（ケーキを）焼く”中的“焼く”是制作类动词，与物的传递恩惠型テヤル整合后，可以表示太郎将烤好的蛋糕传递给花子。例（53）b 中的“（ゴミを）焼く”没有制作的含义，只有使“ゴミ”消失的含义。消失的物体无法传递给接受者，所以“ゴミを焼く”不能整合进入物的传递恩惠型授受补助动词构式。表示阻碍传递的进行或传递物被消灭的动词不能进入物的传递恩惠型授受补助动词构式。例如：

（54）a. *太郎は花子に注文を断ってやった。

b. *太郎は花子に蝶々を放してやった。

c. *太郎は花子に落書きを消してやった。

（澤田淳，2007a：78）

例（54）a 中，动词“断る”表示阻断，既然传递行为被阻断，传递物就不能由接受者“花子”获得。例（54）b 中，“放す”表示将“蝶々”放走，物体也不能传递给“花子”。例（54）c 表示太郎擦掉自己胡乱涂写的东西。既然物体消失，该物体就不会被传递至接受者。例（54）中没有传递物被传递至接受者处的过程，句子不能成立。

“食べる、飲む、勉強する”等动词，其语义表示施动者的单纯行为，这一行为一般不会涉及到另一生命体。“行く、来る、立つ”等动词，其语义表示施动者自身的某种移动。“降る、吹く”等自动

词，其语义表示自然界的某种事态。这些动词的语义都不包含物的移动，并且动作行为只涉及一个生命体，所以它们也不能整合进入物的传递恩惠型授受补助动词构式。

通过上面的讨论可知，不能整合进入物的传递恩惠型授受补助动词构式的动词具有以下特点：动词语义表示施事使受事与之一起移动，或者动词语义不能突显传递物的存在或传递物的生成，或者动词语义不包含物体的移动，并且行为只涉及一个生命体。

4.3.3 构式压制对构式的部分能产性的解释

无论是构式压制词汇，还是词汇压制构式，其结果只有两种。一种是压制成功，一种是压制失败。当词汇义和构式义出现冲突或不一致时，往往构式义占主动地位，构式压制词汇成功后，词汇语义做出某种调变，两者的冲突得以消除；如果词汇义占主动地位，词汇义迫使构式义做出某种调变，两者的冲突得以消除。如果压制失败，词汇和构式无法整合，就表现为某种具体的表达形式无法成立。

零传递类动词能够整合进入物的传递恩惠型授受补助动词构式就是一种构式压制词汇现象。零传递类动词的参与者角色只有施事和受事，动词语义中不含受事转移这一内容，动词义与构式义相冲突。此时，构式义占据主动，构式压制动词，构式强制词汇进行“致使传递物移动”这一解释。制作行为能够成为传递的先行事件，是因为动词所表示的行为能够生成某种传递物。传递物产生，制作行为成为传递的先行事件，句式可以建立以前提转喻行为这一关系，动词义与构式义的冲突得以消除。但是，构式义占主动，零传递类动词的词汇义也不是无所作为，也会有所反弹。这一压制、转喻以及动词义反弹的过程可在 Panther & Thornburg（转引自黄洁，2009：57）的图形基础上，以图 4.12 表示如下。

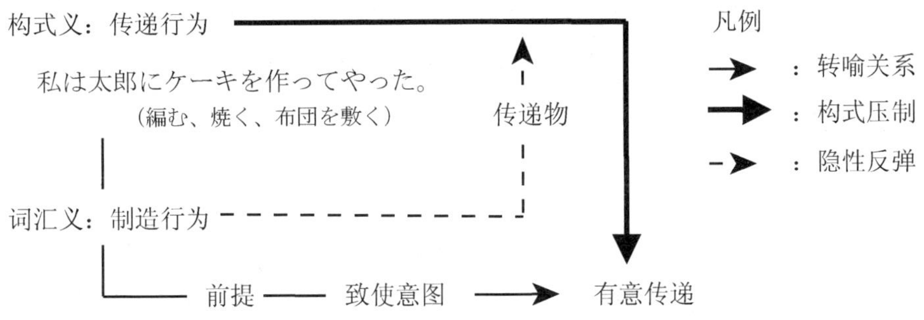

图 4.12 零传递类动词的压制与转喻过程

图 4.12 中，加粗的直线及箭头表示构式压制，普通的直线及箭头表示建立以前提转喻行为这一关系的过程。虚线及箭头表示动词反弹的趋势。以图中的“私は太郎にケーキを作ってやった”为例，动词“作る”制作出“ケーキ”，这一行为成为传递的前提。说话人具有致使“ケーキ”转移的意图，就将“ケーキ”传递给“太郎”，此时构式压制词汇成功。但是，如果“作る”这一动词不能生成传递物“ケーキ”，传递行为的先行事件就不能成立。也就是说动词“作る”具有隐性反弹的能力，主要表现为能否产生传递物的转移这一过程。

零传递类动词整合进入物的传递恩惠型授受补助构式是构式压制词汇成功的结果。如果动词语义反弹，没有生成传递物并致使移动这一前提条件，构式压制无法获得成功，传递义授受补助动词构式不能成立。例如：

（55）私は太郎のためにケーキを作ってやった。

例（55）表示我为太郎做蛋糕，句子突显受益者“太郎”，句子不能明确传递物转移到太郎这一传递过程。可以认为这是动词“作る”反弹的现象，句子不能明确传递物的转移，该句不是物的传递恩

惠型テヤル。例（55）突显恩惠义，句子属于非物的传递恩惠型テヤル。

构式压制词汇和词汇语义反弹的互动现象也可以用来解释为什么搭配类似的动词中，有的动词可以整合进入物的传递恩惠型授受补助动词构式，有的动词不能整合进入这一构式。例如：

（56）a. 太郎は花子に本を読んでやった。

b. ＊太郎は花子に本を黙読してやった。　［＝例（37）］

例（56）a 中，“本を読む”这一短语中不含有物体的转移，短语的语义与构式义发生冲突。此时，构式压制“本を読む”，使其进行“将书本的内容转化为声音并传递给接受者”这一解释。构式压制成功，例（56）a 成立。例（56）b 中，即使构式压制“黙読する”这一动词，动词语义表明，这一行为无法产生传递物，动词语义反弹，构式压制失败，例（56）b 不能成立。

4.4 小结

授受补助动词构式的原型用法来自授受独立动词构式，它传承了授受独立动词构式中的全部信息，表示这一原型用法的是物的传递恩惠型授受补助动词构式。这类构式的内部各要素也有原型用法和扩展用法。无论这些内部要素如何扩展，这类构式都突显物的传递和恩惠义。

具体表达形式的语义是动词与构式整合后形成的。动词与物的传递恩惠型授受补助动词整合时，主要表现为两种方式，分别是角色对应和角色误配。其中，角色误配还可表现为角色的侧重误配和角色数量误配。

物的传递恩惠型授受补助动词构式具有部分能产性。能够整合进入物的传递恩惠型授受补助动词构式中的动词的特点是：动词语义包含物体的转移，动词的参与者角色与构式的论元角色一一对应；或者动词的参与者角色中不一定存在接受者这一角色，但是动词语义包含有物体的转移；或者动词自身语义中不包含物体的转移，但动词语义突显某种物体的存在，动词的框架语义中包含物体的转移这一语义。

按照动词和物的传递恩惠型授受补助动词构式的整合方式以及动词语义，可以将能够整合进入构式的动词分为显性传递类动词、潜性传递类动词、零传递类动词。

不能整合进入物的传递恩惠型授受补助动词构式的动词具有以下特点：动词语义表示施事使受事与之一起移动，或者动词语义不能突显传递物的存在或传递物的生成，或者动词语义不包含物体的移动，并且行为只涉及一个生命体。

零传递类动词能够整合进入物的传递恩惠型授受补助动词构式是构式压制词汇获得成功的结果。动词不能整合进入传递义授受补助动词构式，是因为这些动词的语义与构式义有冲突，构式压制无法获得成功。

第五章　非物的传递恩惠型授受补助动词构式

物的传递恩惠型授受补助动词构式既表示物的传递，也表示恩惠。构式中物的传递这一语义扩展为事件的传递，恩惠义不发生扩展，这样形成的具体表达形式突显恩惠义。这类授受补助动词构式可称为非物的传递恩惠型授受补助动词构式。构式不具有物的传递这一语义，或者物的传递这一语义成为突显的恩惠义的背景。这一扩展过程中的认知机制仍是隐喻。本章首先讨论非物的传递恩惠型授受补助动词构式的概念结构和认知图式，描写这类构式的典型表达形式，说明动词与这类构式整合方式以及这类构式的能产性。

5.1　构式[①]的概念结构与认知图式

通过2.4的讨论可知，授受补助动词构式的意义和用法扩展是以物的传递恩惠型授受补助动词构式为原型进行的。原型用法的语义包

① 这里的“构式”是指非物的传递恩惠型授受补助动词构式。标题中提到的“构式”都是指本章一级标题所指的构式类型。下同。

括物的传递和恩惠义。句中物的传递这一语义向非物的传递扩展，恩惠义不发生扩展时，其具体表达形式可如例（1）b 所示。

（1）a. 田中さんは私に本を売ってくれた。

b. 田中は私のために行ってくれた。

（山田敏弘 2000a：100）

例（1）a 是物的传递恩惠型授受补助动词构式，表示田中把书卖给说话人，说话人获得了书，并因此受益。例（1）b 表示田中为了说话人去了某个地方，说话人因此受益。例（1）a 突显说话人是物体的接受者且是受益者，句中有表示接受者论元的“に”格名词短语，例（1）b 突显受益者“私”，句中不包含有物的传递这一语义。

物的传递恩惠型授受补助动词构式的概念结构是“X CAUSES Y TO RECEIVE Z”。非物的传递恩惠型授受补助动词构式是由物的传递恩惠型授受补助动词构式扩展而来，物体的传递扩展为行为的传递，受益者受到了这一行为的影响，其概念结构可表示为“X EFFECTS Y”。也就是说，“EFFECTS Y”代替了“Y RECEIVES Z”，这一不同可用两者的认知图式来表示。例如：

（2）a. 太郎は花子に本を貸してやった。

b. 太郎は花子と結婚してやった。

例（2）a 是物的传递恩惠型授受补助动词构式，例（2）b 是非物的传递恩惠型授受补助动词构式。在中村芳久（2004）的图示基础上可以形成这两个构式的认知图式，以图 5. 1、5. 2 表示如下。

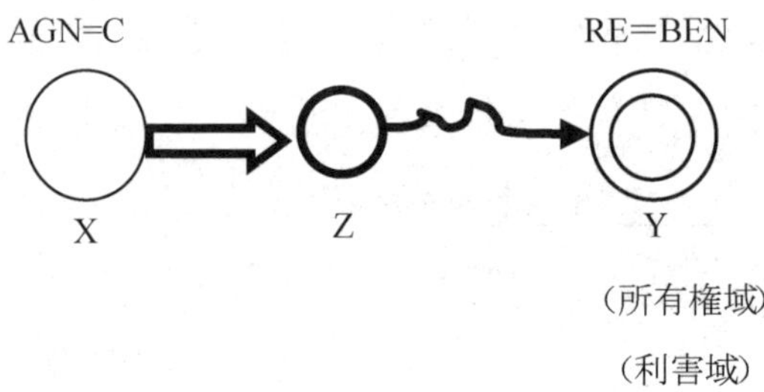

图 5.1　例（2）a 的认知图式

X：给予者　Y：接受者　Z：传递物

RE：Recipient，接受者

AEN：Ageng，施事　C：Conceptualizer，认知主体

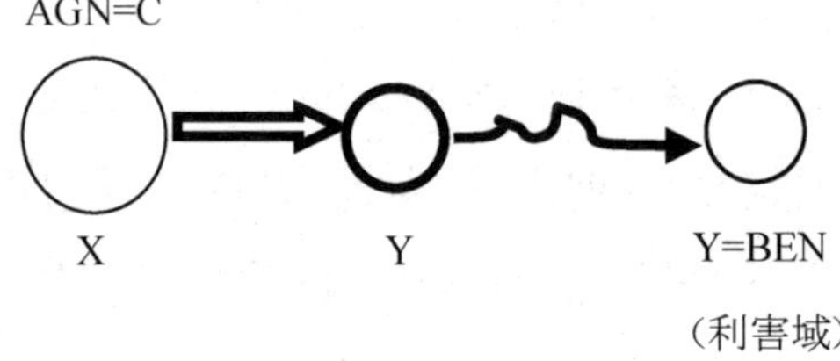

图 5.2　例（2）b 的认知图式

X：施动者　　Y：动作对象

BEN：Beneficiay，受益者

图 5.1 表示给予者致使传递物移动至接受者处的过程。此时，テヤル构式突显传递中的给物和送人这两个方面，以加粗的箭头指向加粗的传递物及动作链的链尾①表示突显这两个方面，图中 Y 的圈内套有代表 Z 的小圈表示接受者获得传递物。接受者获物属于“所有权”这一认知域。接受者获物的同时受益，接受者受益属于“利害关系”这一认知域。图 5.2 表示施动者施以某种能量到共同动作的动作对象，

① 图示中的相关术语可参看本书对图 3.1 的解释。

这一行为使得这一动作对象获益，动作对象 Y 是受益者。此时，テヤル构式突显施动者实施某种影响这一方面，不突显受益者获益这一结果，图中以加粗的箭头、加粗了的表示受益者 Y 的小圆圈以及动作链的链尾来表示。受益者获得恩惠属于“利害关系”这一认知域。图 5.2 说明了接受者获得传递物的关系扩展为受益者受到某种影响后，所有权这一认知域消失。

5.2 构式的典型表达形式

物的传递恩惠型授受补助动词构式扩展为非物的传递恩惠型授受补助构式，构式的概念结构从“X CAUSES Y TO RECEIVE Z”变成“X EFFECTS Y”。非物的传递恩惠型授受补助动词构式的典型表达形式也就具有了不同于其他构式的特点。

5.2.1 非物的传递恩惠型テヤル

非物的传递恩惠型テヤル表示施动者（认知主体一方）有意以某种行为方式给予非认知主体一方某种影响，这种影响的结果是非认知主体一方受益。非物的传递恩惠型テヤル中的受益者各不相同，一一罗列其认知图式较为繁琐。如果将动词表示的行为看作是施动者 X 指向受益者 Y 的某种影响，这一构式的认知图式可以简化为图 5.3[1]。

---

① 图 5.3 即图 5.2，例（2）b 是非物的传递恩惠型テヤル的一个具体的表达形式，所以这两个图示完全一样。

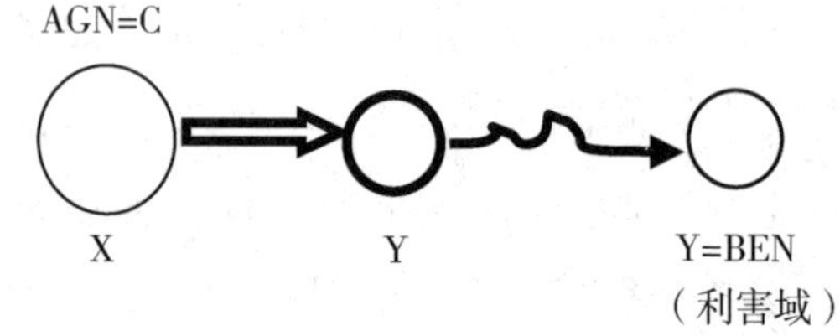

图 5.3 非物的传递恩惠型テヤル的认知图式

X：施动者　Y：受益者　C：Conceptualizer，认知主体

AEN：Ageng，施事　BEN：Beneficiay，受益者

图5.3表明，这一构式中，施动者X（认知主体一方）有意给予他人某种外向性施惠行为，构式只突显施惠，不突显受益者Y是否最终受益。

5.2.1.1　施动者

非物的传递恩惠型テヤル中，施动者为生命体，具有意志性。非传递义テヤル中的受益者当为生命体。例如：

（3）理由を探して、<u>子どもを助けてやら</u>なくてはいけません。（BCCWJ）

例（3）中，施动者是说话人，施动者向受事“子供”施以某种能量，这一行为使得受事受益。

非物的传递恩惠型テヤル中，施动者不能扩展为非生命体，其原因与物的传递恩惠型テヤル中给予者没有扩展用法一致。当句中出现机构（或组织）和生命体或非生命体和生命体时，认知主体一般容易将生命体视为己方。所以，一般情况下，非物的传递恩惠型テヤル中的施动者为生命体，不会扩展为机构、组织，也不会扩展为非生命体。

5.2.1.2　受益者

非物的传递恩惠型テヤル中，受益者为生命体，表示受益者的名词短语的形式多种多样。

①“を”格、“の”格、“から”格等名词短语表示受益者

非物的传递恩惠型テヤル中，动词的参与者角色就是构式中的受益者时，受益者主要以“を”格、“の”格、“から”格、“と”格、“に”格名词短语的形式出现。

“助ける、救う、可愛がる”等动词，行为的受事是生命体，这一受事就是非物的传递恩惠型テヤル的受益者。例如：

(4) 心底、梶という男を救ってやりたいと考えている。そういうことなのか。藤林は激しい苛立ちを覚えた。 (BCCWJ)

例（4）的“梶”是动词的参与者，也是构式的受益者。表示受事的“を”格名词短语可用来表示受益者。

“（服を）洗う、（ネクタイを）締める、（悩みを）聞く”等动词，行为的受事是另一生命体的所属物，施动者的行为有益于这一生命体。受事的领属者就是非物的传递恩惠型テヤル的受益者。例如：

(5) ウィリーは彼を引っぱって自分の横に座らせ、彼のシートベルトを締めてやった。 (BCCWJ)

例（5）表示“ウィリー”为他系安全带。施动者“ウィリー”采取的行为，使得受事的领属者“彼”获益。此时，句中的“の”格名词短语表示受益者。

“遊ぶ、会う、キスする”等动词，动词的参与者之一是共同行为人或动作的对象。这一共同行为人或动作的对象就是非物的传递恩惠型テヤル的受益者。例如：

(6) 忙しいのはわかっているけど、せめて日曜日だけでも子供と遊んでやってよ。 (《日本语句型辞典》：213)

(7) もし君がホームランを打ったら、たぶんボクたち全員が君

にキスしてあげるよ！ （BCCWJ）

例（6）表示和孩子玩，孩子因此受益。施动者听话人采取的行为，使得共同行为人“子供”获益。例（7）表示为了奖励听话人，大家都亲一下听话人。施动者“ボクたち全員”的行为，使得动作对象——说话人获益。此时，句中的“の”格“に”格名词短语表示受益者。

部分表示“取得、获得”语义的动词，如“買う”等，动词的参与者角色是物品的原领属者与购买者时，受事的原领属者是行为的受益者。例如：

（8）私は友達から絵を買ってやった。

例（8）表示说话人从朋友处买画，物品的原领属者“友達”是行为的受益者。此时，“から”格名词短语表示受益者。

“行く”等自动词，其参与者一般只涉及一个生命体，这类动词构成的非物的传递恩惠型授受补助动词构式的受益者也会以“の”名词短语的形式出现。例如：

（9）ふと、亜由美のことが心配になった。あの子こそ、今は一人ぼっちなのだ。東京へ帰ったら、真っ先に亜由美のところへ行ってあげよう。千秋は、そう思った。 （BCCWJ）

例（9）中的动词“行く”表示施动者的自身行为，一般不涉及到他人。在这个例句中，施事的行为使得动作补语的领属者“亜由美”受益，句中的“の”格名词短语表示受益者。

②“～のために”等名词短语表示受益者

除了动词的参与者可以表示非物的传递恩惠型テヤル中的受益者，“～のために”“～のかわりに”以及空补语的形式也可以表示受益者。例如：

（10）わたしは彼女のかわりにタイプを打ってあげた。

（BCCWJ）

例（10）“タイプを打つ”这一行为指向他人时，受益者以“～のかわりに”名词短语的形式出现。

“行く、働く、喜ぶ”等动词，动词的参与者一般情况下只涉及一个生命体，构式中的受益者可用“～のために”“～のかわりに”这类名词短语表示。例如：

（11）武藤は家族のために一日中働いてやった。　（BCCWJ）

例（11）中，“家族”是施动者“武藤”采取的“働く”这一行为的受益者，可以用“～のために”来表示。

动词的参与者角色只涉及一个生命体，受益者也可以表现为空补语，即构式本身具有的方向性表示这一行为的结果会指向某一受益者，这一受益者可以在上下文中推导出来。由于テヤル构式的方向性，当语境明确时，受益者可以被省略。

（12）「ごめんなさい、アタシ、真っ先にそのこと喜んであげるべきだったのに…」「いいんだよ、ウインリィ。僕はウインリィのアップルパイ食べられただけで、幸せだから。」

（BCCWJ）

例（12）中，说话人为听话人感到高兴。“喜ぶ”这一行为指向听话人，听话人是构式中的受益者。因为语境明确，受益者以空补语的形式出现。

以上所举例句都是句中只存在一个受益者的情况，非物的传递恩惠型テヤル还有句中存在两个受益者的现象。例如：

（13）私はご両親のためにあなたの家庭教師をしてあげているんだよ。

（王怡，1998：40）

例（13）表示说话人是为了听话人的父母而担任听话人的家庭教师。听话人“あなた”是“家庭教師をする”这一行为的受益者。句中同时还存在受“あなたの家庭教師をする”影响的另一受益者——“ご両親”。例（13）突显的是“～のために”表示的受益者。

5.2.2 非物的传递恩惠型テクレル

非物的传递恩惠型テクレル表示施事（非认知主体一方）的某种行为方式给予认知主体一方某种影响，这种影响的结果是认知主体一方受益。非物的传递恩惠型テクレル中，动词的参与者角色各不相同，一一罗列这一构式的认知图式较为繁琐，所以简化为图5.4表示如下。

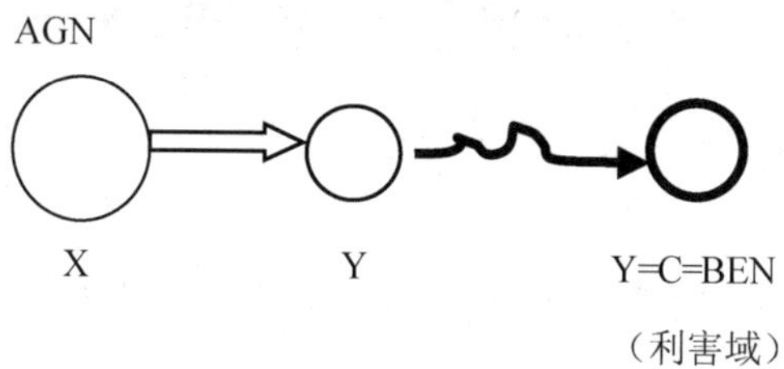

图5.4 非物的传递恩惠型テクレル的认知图式

X：施动者　Y：受益者　C：Conceptualizer，认知主体
AEN：Ageng，施事　BEN：Beneficiay，受益者

图示表明，这一构式中，施动者X有意给予受益者Y（认知主体一方）某种内向性施惠行为，构式突显认知主体受益这一结果。非物的传递恩惠型テクレル构式是认知主体将某一行为识解为有益于己方，所以构式不要求施动者（非认知主体一方）具有施惠的意愿性。

5.2.2.1　施动者

非物的传递恩惠型テクレル中，施动者的原型为生命体。例如：

(14)「明日にでも。すぐに」本当に兄は、すぐに来てくれた。

(BCCWJ)

例（14）中的施动者是“兄”，具有施以恩惠的意愿。非物的传递恩惠型テクレル中，施动者可以扩展为机构、组织，也可以扩展为非生命体。

(15) 今回、福岡の一家四人殺しの事件では、ある意味ではこの国際捜査共助法で認めている以上のことを中国は協力してくれたと…　(BCCWJ)

(16) 茫洋と広がる薄闇の海が、なんと清々しくわれわれを慰めてくれた。

(同上)

例（15）中的施动者是机构、组织，由于机构、组织都是人为设置的，人们自然地把属于人类的某些性质延伸到它们身上。在常规转喻的作用下，施动者由生命体扩展为机构、组织。例（16）表示大海给予了我们某种安慰。这个句子中，施动者扩展为非生命体。

5.2.2.2　受益者

与非物的传递恩惠型テヤル一样，非物的传递恩惠型テクレル的受益者的表现形式也可分为两类。

①“を”格、“の”格、“から”格等名词短语表示受益者

非物的传递恩惠型テクレル中，受益者是动词的参与者角色，施事的行为直接影响到动词的这一参与者。这类受益者在具体表达形式中以“を”格、“の”格、“から”格、“と”格等名词短语的形式出现。

“助ける、救う、可愛がる”等动词，行为的受事是生命体，这一受事就是非物的传递恩惠型テヤル的受益者。例如：

（17）ことにこのおじさんには子がないので私を実子のようにかわいがってくれた。（BCCWJ）

例（17）中，说话人是动词的参与者，表示受事的“を”格名词短语可用来表示受益者。

“（服を）洗う、（手）を握る”等动词，其受事是另一生命体的所属物，施事的行为有益于这一生命体。例如：

（18）「ありがとう、母さん。ありがとう。もし母さんが年を取って不幸せになったら、わたしが母さんの手を握ってあげる。母さんがわたしの手を握ってくれたようにね。…」（BCCWJ）

例（18）表示说话人的妈妈握着说话人的手。受益者——说话人是受事“手”的领属者。此时，“の”格名词短语用来表示受益者。

“会う、キスする”等动词，动词的参与者之一是共同行为人或动作的对象。这类动词构成的非物的传递恩惠型テクレル构式中，共同行为人或动作的对象是受益者。例如：

（19）その日は仕事を十時に切り上げて私と会ってくれました。（BCCWJ）

例（19）中，“会う”这一行为的共同行为人“私”是受益者，此时，“と”格名词短语用来表示受益者。

部分表示“取得、获得”的动词，如“借りる”等，动词的参与者角色是物品的原领属者与获得者。这类动词构成的非物的传递恩惠型テクレル中，物品的原领属者是受益者。例如：

（20）中村さんはお金の借り手を探していた私からお金を借り

てくれた。

（渡辺裕司，1993：35）

例（20）表示中村从我这里借钱，我因此受益。物品的原领属者“私”是行为的受益者，句中用“から”格名词短语表示受益者。

②“～のために”“～のかわりに”等名词短语表示受益者

“行く、泣く”等自动词，动词表示的行为一般只涉及一个生命体。这类动词构成的非物的传递恩惠型テクレル中的受益者可用“～のために”名词短语、“～のかわりに”名词短语来表示。例如：

（21）中には泣きながら、必ず戻って来て下さい、と私の手を握りしめてくれる人もいる。私のために、泣いて下さるのです。（BCCWJ）

例（21）中的受益者是说话人，句中以“～のために”名词短语来表示。

动词的参与者角色只涉及一个生命体，非物的传递恩惠型テクレル中的受益者也可以表现为空补语。这是因为非物的传递恩惠型テクレル中的受益者多为说话人，受益者常常被省略。例如：

（22）食べやすいよう甘辛い味つけにしたら、彼女もおいしいって食べてくれました。（BCCWJ）

例（22）的受益者是说话人。这一受益者可由构式语义直接推导出来。

在非物的传递恩惠型テクレル中还有一种情况，就是认知主体将某个事态主观识解为有利于自己，受益者就是认知主体。例如：

（23）赤ちゃんが寝てくれなかったり起きてしまったときには、自分のやりたいことは「時間ができてから」と、あきらめるようにしています。

（BCCWJ）

例（23）中，“赤ちゃんが寝る”表示婴儿的无意识的动作行为，婴儿睡着使得说话人有时间做自己想做的事情，这个句子是说话人将该行为主观识解为有益于自己，构式不要求施事具有施惠的意愿性。因为受益者是说话人，句中的语境明确，所以受益者论元被省略。

（24）雨が降ってくれてよかった。

例（24）中，说话人将“雨が降る”主观识解为有利于自己。例（24）不同于例（23）的地方是，句中的“雨”是主语，不是施动者。

非物的传递恩惠型テクレル中也会存在两个受益者并存的现象。例如：

（25）「あら。その人だって、あなたのために私を助けてくれてるんじゃないの。ねえ?」直美は返事をしなかった。

（BCCWJ）

例（25）中，直接受“助ける”这一行为影响的受益者是“私”，“～のために”表明句中还存在受“私を助ける”这一行为影响的另一受益者——“あなた”。虽然句中出现了两个受益者，但这类句子主要突显以“～のために”名词短语表示的受益者。

构式突显句中存在另一受益者不仅可以用“～のために”名词短语表示，空补语也有这样的作用。例如：

（26）「堀本さんが梅安の家に来てくれたよ。本当にうれしいわ。」（BCCWJ）

例（26）中，说话人向家人讲述“堀本さん”来到“梅安”家的情况。说话人希望这件事情发生并为此高兴。句中存在两个受益者，一个是“梅安”，一个是说话人。句子语义表明，说话人才是构式突显的受益者。

③“～のために”的语义特点

通过上述讨论可知，非物的传递恩惠型テヤル、テクレル中，受益者论元的表现形式多种多样。这两个构式中，“～のために”名词短语都可以用来表示非物的传递恩惠型テヤル、テクレル的受益者。分析例句可知，“～のために”这一名词短语在这两类构式中主要具有以下特点。

第一，“～のために”名词短语并不是动词的参与者角色，下面的例句可以说明这一点。

（27）a. ＊わたしは子供のためにかわいがってやった。

b. かわいそうだからあなたのために結婚してあげるわ。

（山田敏弘，2001g：94）

例（27）a 中，“子供”是动词“可愛がる”的参与者，是行为的受事。句子表示“子供”受益。但是，这一受益者不能用“～のために”名词短语表示。例（27）b 的语义表明，说话人的结婚对象不是“あなた”，而是另有其人，构式为了突显“あなた”是受益者，使用了“～のために”这一名词短语。如果“あなた”是说话人与之结婚的对象，“あなた”成为“結婚する”这一动词的参与者角色时，构式中的受益者也不能用“～のために”名词短语表示，而应用“と”格名词短语。

非物的传递恩惠型テヤル中的受益者是动词的参与者角色时，句中的“を”格、“の”格、“から”格等名词短语不能换成“～のために”名词短语。由此可知，“～のために”名词短语不是动词的参与者角色。

第二，“～のために”名词短语不仅可以在授受构式中表示受益者，也可以在其他构式中表示受益者。

（28）a. 自分自身で理解できなくても、私はあなたのためにないてやったわ。

b. とにかくあんたは止らないで少しずつでも歩いてください。あんたのためにみんな待ったり考えたりしているのですから。（BCCWJ）

（29）a. それが、偶然であろうが恩師のために働きに来ていてくれる広田のオーヴァだったことが私をかなしませた。

b. 築地の料亭にホワイトがあるわけがないのだが、山本さんは、あらかじめ、私のために準備させたのだろう。

（同上）

例（28）、（29）说明，“～のために”名词短语不仅可以出现在非物的传递恩惠型テヤル、テクレル中，也可以出现在其他构式中。“～のために”名词短语的语法功能就是指示某一行为和事态的受益者。如果用于非物的传递恩惠型テヤル、テクレル构式中，表示认知主体是在“I”模式下，以主观视角观察某一行为、事态有益于认知主体一方或非认知主体一方。如果用于其他构式，表示认知主体是在“D”模式下以客观视角观察某一行为、事态有益于某人，该构式不涉及恩惠的内向性与外向性。

总之，非物的传递恩惠型テヤル、テクレル中，当动词的参与者角色不是受益者时，句中多以“～のために”名词短语表示。有些句子中，“～のために”名词短语也可以指示动词的参与者，这是上下文的语义使得两者重合。此时，“～のために”名词短语在句中的作用依旧是突显受益者。例如：

（30）常さんは加藤を十年の知己のような笑顔で迎えた。炉に薪をどんどんとくべ、彼が生活の糧のために獲った岩魚をおしげもなく加藤のために出してくれた。

（王燕，2003：18）

例（30）中，构式突显“加藤”受益，而不是突显“加藤”是潜在的接受者。句子中的“岩魚を出す”表明，这个句子包含有物体的转移这一语义，但这一语义在例（30）中成为背景化的语义，因此可以认为例（30）是非物的传递恩惠型テヤル。

5.2.3　非物的传递恩惠型テモラウ

非物的传递恩惠型テモラウ表示认知主体一方获得了非认知主体一方以某种行为方式给予的某种影响，或者认知主体一方施以能量使得非认知主体一方以某种行为方式给予某种影响，其结果都是认知主体一方受益。这一构式的认知图式可用图 5.5 表示。

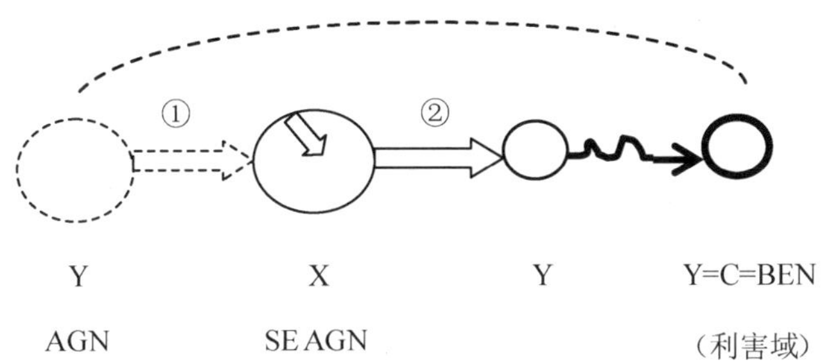

图 5.5　非物的传递恩惠型テモラウ的认知图式

X：施动者　　Y：受益者　　BEN：Beneficiay，受益者

AGN：Agent，施事　　RE：Recipient，接受者

C：Conceptualizer，认知主体　　SE AGN：Secondary Agent，次施事

图示表明，这一构式中，受益者 Y（认知主体一方）获得了他人实施的某种恩惠行为，构式突显受益者 Y（认知主体一方）受益。

与物的传递恩惠型テモラウ构式类似，非物的传递恩惠型テモラウ中的行为不是自主指向受益者，应是施动者 X 施以能量后采取的行为，也就是如图中②所显示的过程，构式含有施动者 X 实施能量给予受益者 Y 某种影响的过程。施动者的行为既有可能是其自主意志下的行为，也有可能是受益者施以影响使之给物的结果，所以构式还包含图中①所显示的过程。图中①所显示的过程的终点是施动者 X，此时施动者 X 就是“次施事”，受益者 Y（即主语）成为施事。施事向施动者施以影响后，施动者 X（次施事）再给予受益者 Y 某种影响。非物的传递恩惠型テモラウ构式突显受益者这一结果，以结果来转喻整个事件。这是非物的传递恩惠型テモラウ具有使役性和被动性的认知动因。

5.2.3.1　施动者

非物的传递恩惠型テモラウ的施动者一般为生命体。例如：

（31）吾郎には診察室から出てもらい、下山の腹部に超音波のプローブをあてた。（BCCWJ）

例（31）表示说话人请“吾郎”离开诊室，以便自己专心给病人进行 B 超透视。句子中的施动者是“吾郎”，为生命体。

（32）私も手の痺れがあり整形外科にみてもらいました。（BCCWJ）

例（32）中，施动者是“整形外科”。在转喻这一认知机制的作用下，这个句子的施动者扩展为机构、组织。有些非物的传递恩惠型テモラウ中，分句主语的位置上也会出现非生命体。例如：

（33）日本の資本市場の発達のためにも、今後とも円建て外債が大量に出てもらうことが望ましいと考えておりますけれども、先行きどうなるかということにつきましては、

全く金利の状況によると申し上げる以外はないのではないか、かように考えております。　(BCCWJ)

例（33）中的“円建て外債”是テモラウ构式中的小主语，它不是施动者。一般说来，非物的传递恩惠型テモラウ中的施动者不会扩展为非生命体。

与物的传递恩惠型テモラウ不同，非物的传递恩惠型テモラウ的施动者一般用“に”格名词短语表示。

森田良行（1988）指出，テモラウ句中，如果句子语义中包含有物体移动，施动者既可以使用“に”格名词短语，也可以使用“から”格名词短语。用“から”格名词短语时，表示该名词短语所表示的生命体是物体移动的起点。如果句子语义中不包含有移动，テモラウ句不能使用“から”格来表示施动者，只能用“に”格名词短语（森田良行，1988：318－320）。例如：

（34）a. 母から(○に) 柿を送ってもらった。

b. 私は近所の人から(○に) その事件を伝えてもらって知った。

（山田敏弘，2001c：90）

（35）a. ？太郎は花子からたいへん愛してもらった。

b. ＊太郎は次郎から手伝いに来てもらった。

c. ＊遊園地の帰り、疲れたので、父から背負ってもらった。

（同上）

例（34）a 表示说话人的妈妈给说话人寄柿子后，说话人得到了柿子；或者说话人请自己妈妈寄柿子。例（34）b 表示邻居告诉说话人事情的经过后，说话人了解了那件事，或者说话人请邻居告诉他

（她）事情的经过后，了解了那件事。例（34）都表示物体的移动。其中的给予者既可以用“から”格名词短语表示，也可以用“に”格名词短语表示。例（34）的两个句子都是物的传递恩惠型授受补助动词构式。例（35）a 表示太郎从花子那儿得到了爱，例（35）b 表示太郎请次郎帮忙，例（35）c 表示说话人让自己的爸爸背回家。例（35）的三个句子都不表示物的传递这一语义，只表示施动者的某种行为使受益者（认知主体一方）获益，它们都是非物的传递恩惠型授受补助动词构式。由此可知非物的传递恩惠型授受补助动词构式中施动者论元一般用“に”格名词短语来表示。这样的例子还有很多。例如：

（36）末の娘ということで、父にはことさらに可愛がってもらった。（BCCWJ）

（37）先日、1 階の地デジ対応のテレビを購入する際に電気屋さんにアンテナを直してもらった。（同上）

（38）虎の門なら、家から近いから、きみに来てもらうのに便利だし。（同上）

（39）お母さんには長生きしてもらいたいからこんな方法もあるみたいだよって。（同上）

例（36）表示说话人得到了自己爸爸的疼爱。例（37）表示说话人请修电器的工人修了电视天线。例（38）表示说话人请听话人来自己家。例（39）表示说话人希望自己的母亲长寿。这四个句子都不包含物的传递这一语义，非物的传递恩惠型テモラウ以“に”格名词短语表示施动者。

非物的传递恩惠型テモラウ中也有句中存在两个受益者的现象，例如：

(40) 校長先生は、田中先生に二年生に数学を教えてもらった。

(山田敏弘, 2001c: 94)

例 (40) 由动词"教える"构成, 句中存在接受者"二年生", 他们在获物的同时受益。同时, 句子突显另一个受益者, 即"校長先生", 他是"田中先生が二年生に数学を教える"这一行为的受益者。主语"校長先生"是因为动词表示的行为而受益, 他不是获得传递物的接受者, 这样的テモラウ构式突显恩惠义。如果认为这个句子既表示传递也表示恩惠, 那么这里的施动者"田中先生"可以用"から"格名词短语表示。但是分析例 (40) 的语义可知, 不是"校長先生"直接获得了"田中先生"教授的数学知识, 而是"校長先生"因为"田中先生"教授二年级的学生而受益。这个句子中的"田中老师教授二年级数学"这一语义在构式中背景化, 例 (40) 中的施动者应以"に"格名词短语来表示。

通过上面的讨论可知, 非物的传递恩惠型テモラウ中的施动者一般用"に"格名词短语表示, 不用"から"格名词短语表示。

5.2.3.2 受益者

非物的传递恩惠型テモラウ中的受益者是认知主体或认知主体一方的人, 一般为生命体。例如:

(41) 私も人に乾かしてもらうのは好きですよ。美容室とかで乾かしてもれってるときって気持ちよくないですか?

(BCCWJ)

(42) 泰年を託かった夫婦は、知り合いに頼んで彼の父親の行方をさがしてもらったが、見つからなかった。 (同上)

例 (41) 表示说话人请人帮自己吹干头发, 受益者是说话人。例 (42) 中, 收养"泰年"的"夫婦"托人打听"泰年"的父亲的去向，句中的受益者是“夫婦”。句中的受益者都是生命体。由于非物的传递恩惠型テモラウ中的受益者多是说话人，所以受益者论元常常被省略。例如：

(43) このあと、いくつかの質問をしてから、彼女に帰ってもらった。 (BCCWJ)

通过上面的讨论可知，非物的传递恩惠型授受补助动词构式突显恩惠义，句中一般不包含有物的传递这一含义。非物的传递恩惠型テヤル、テクレル中的受益者可分为两类：一类是动词的参与者角色，句中以“を”格、“の”格、“と”格、“から”格等名词短语表示；一类不是动词的参与者角色，句中以“～のために”名词短语等来表示。与物的传递恩惠型テモラウ不同，非物的传递恩惠型テモラウ中的施动者只能用“に”格名词短语来表示。

5.3 动词和构式的整合方式

构式和动词互动后的具体语言表达形式能够体现出构式的意义。非物的传递恩惠型授受补助动词构式的概念结构为“X EFFECTS Y”，其中的受益者 Y 只存在两种可能：Y 是动词的参与者角色或者 Y 是由构式赋予动词的论元角色。所以动词和非物的传递恩惠型授受补助动词构式的整合方式主要为角色的侧重误配与角色数量误配。

5.3.1 角色的侧重误配

以角色的侧重误配方式整合进入非物的传递恩惠型授受补助动词

构式的动词，其特点是动词的参与者角色会涉及两个生命体。根据动词的语义可以将这些动词分为四种情况：①受事是生命体，如“助ける、支える、かわいがる”等。②受事是非生命体，某一生命体领有该受事，如“（部屋を）掃除する、（服を）洗う、（髪を）切る、（自転車を）直す”等。③施动者的行为是与另一生命体共同完成的，如“会う、結婚する、キスする”等。④部分表示“取得、获得”义的动词，施动者的行为会涉及到物品的来源或起点，该来源或起点是生命体，如“買う、取る”等。

①行为的受事是生命体，施动者的行为使这一生命体受益

（44）私が彼女を助けてあげている。 （BCCWJ）

“助ける”这一动词的两个参与者角色，一个是施动者“私”，一个是受事“彼女”，动词与非物的传递恩惠型テヤル的整合过程可以用图5.6来表示。

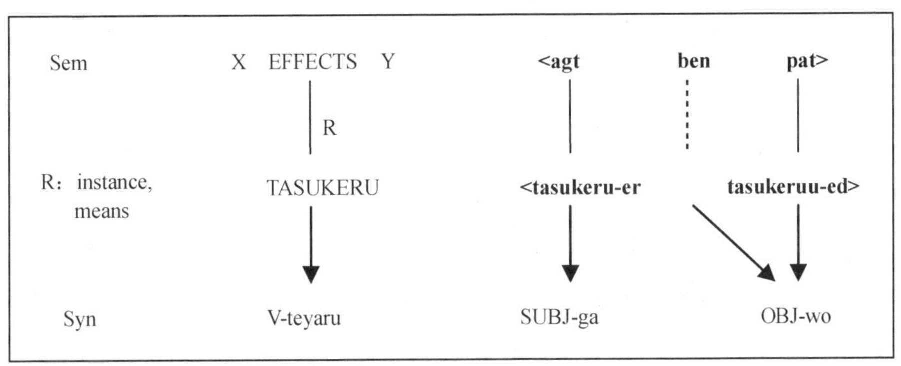

图5.6 复合熔合构式：非物的传递恩惠型テヤル＋助ける

Sem：semantics，语义　R：relation，关系　instance：例示

Syn：syntax，句法

AGN：Agent，施事　RE：Recipient，接受者　pat：patient，受事

SUBJ：Subject，主语　OBJ－wo：Object，宾语，以“～を”的形式出现

图中第一行是构式的意义“X EFFECTS Y < agt ben pat >”，第二行是可以由动词填充的变项，当该动词被整合进构式时，该动词被看作是一个常项。第三行是构式的句法结构，即“～が～をVてやる”。构式规定构式的论元角色必须与动词的参与者角色熔合：构式的论元角色和动词的参与者之间的实线表示这些角色必须熔合，可以由构式提供的角色用虚线表示。构式还规定动词以何种方式整合进构式，即关系R是哪一类关系。图中构式将受益者论元与受事熔合，所以表示受益者的箭头与表示受事的箭头同时指向“を”格名词短语。

例（44）中，动词与テヤル构式整合时，构式将被侧重的受益者论元与动词侧重的参与者角色“彼女”熔合，“を”格名词短语成为构式的受益者论元。

②受事是非生命体，某一生命体领有该受事。施动者实施的某一行为可使领属者受益

（45）私は弟の自転車を直してやった。

“直す”这一动词的两个参与者角色，一个是施事“私”，一个是受事“自転車”。“自転車”为“弟”领属。动词与非物的传递恩惠型テヤル的整合可以用图5.7来表示。

图5.7中，第一行是构式的意义“X EFFECTS Y < agt ben pat >”，第二行是可以由动词填充的变项，当该动词被整合进构式时，该动词被看作是一个常项。第三行是构式的句法结构，即“～は～の～をVてやる”。

例（45）中，动词与非物的传递恩惠型テヤル整合时，构式将被侧重的受益者论元与动词的参与者角色——受事的领属者“弟”熔合，“の”格名词短语成为构式的受益者论元。由于非物的传递恩惠型授受补助动词构式的方向已经由构式明确表示，如果语境明确，句

中的受益者并不一定出现在具体的表达形式中。例如：

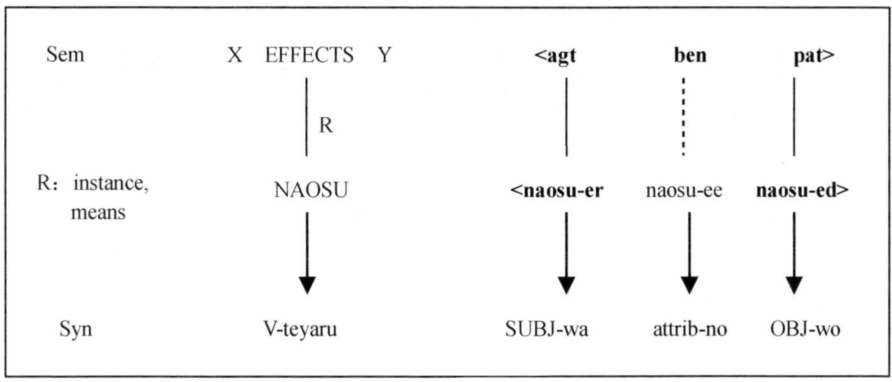

图 5.7　复合熔合构式：非物的传递恩惠型テヤル＋直す

Attrib：attributive，定语的

（46）小学校 3 年生の女の子の母です。娘の体臭が気になります。お風呂に入り、脇をしかっりとこすって洗ってあげても次の日にはつんとあの独特のにおいが気になります。

（BCCWJ）

例（46）中，受益者“娘”没有直接出现在非传递义テヤル中。由于非物的传递恩惠型テヤル的方向表明“脇を洗う”这一动作是指向他人，那么受益者一定是受事“脇”的所有者。通过语境可推导出受益者是“娘”。例（46）中，动词与非物的传递恩惠型テヤル的整合方式和例（45）一样。

第三类的“会う、結婚する、キスする”等动词，第四类的表示“取得、获得”意义的“買う、受ける”等动词，它们构成的非物的传递恩惠型授受补助动词构式的受益者是动词的参与者之一，动词与构式的整合方式和例（45）所表示的第二种情况类似，不再一一解释。

“来る、行く”等表示移动的自动词，动词的参与者角色只涉及一个生命体，动词与构式的整合方式一般表现为5.3.2中讨论的角色数量误配。有些具体的表达形式中，动词的参与者中有表示目的地的“に”格名词短语，且该目的地的领属者（某一生命体）出现在句中时，构式可将被侧重的受益者论元与这一参与者角色熔合，句中的“の”格名词短语表示受益者。这样一来，动词和非物的传递恩惠型授受补助动词构式是以角色的侧重误配这一方式整合的。例如：

（47）しかし、私の家から私鉄で四つ目の駅にある彼の家から、私の家に来てくれた。私は、不自由な身で杖をつきながら電車に乗って訪ねてくれた彼には、本当にすまないと思った。（BCCWJ）

例（47）中，动词“くる”的参与者中有一个施动者移动的目的地，这一目的地为说话人所有。构式就将受益者论元与这一角色熔合，动词“くる”以角色的侧重误配方式与非物的传递恩惠型授受补助动词构式整合形成了这一具体的表达形式。

5.3.2 角色数量误配

日语中的某些动词表示的是施动者的自主动作行为，动词的参与者一般只涉及一个生命体，如“勉強する、食べる、飲む”等他动词。这些动词与非物的传递恩惠型授受补助动词构式整合时，构式赋予动词一个被侧重的受益者论元。例如：

（48）a. 男子部員が畑からスイカを取ってきて、「監督、スイカ」と言って渡したことがあったそうです。そのとき監督は、「そうか、怒られるぞ」と言いながらも一緒に食べてあげたそうです。

b. 夫は、私の作った料理なら、何でも喜んで食べてくれます。

c. 僕も自分の料理を作っている。年に4回新作を作るけれど、ソムリエや料理人や事務のスタッフにも食べてもらい、意見を聞き、また微調整をする。（BCCWJ）

例（48）a中的动词“食べる”，一般情况下表示施动者的自主行为，不会涉及到他人。与非物的传递恩惠型授受补助动词构式整合后，构式赋予动词一个受益者论元，使得这类动词也可以整合进入到非物的传递恩惠型授受补助动词构式。例（48）a中的动词与构式的整合过程可以用图5.8来表示。

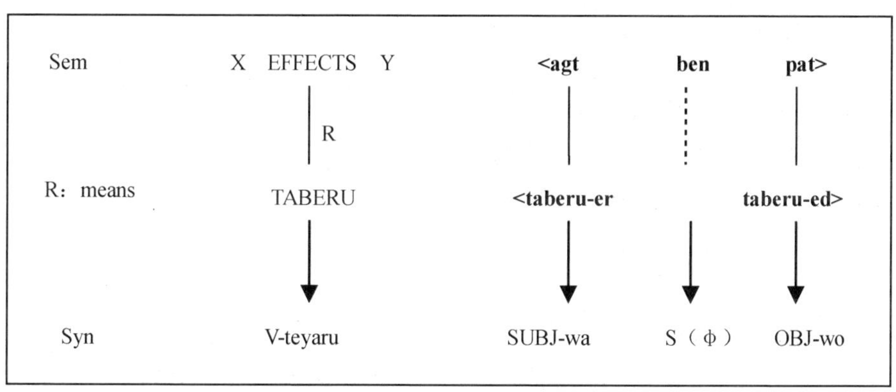

图5.8　复合熔合构式：非物的传递恩惠型テヤル＋食べる

图5.8中，第一行是构式的意义“X EFFECTS Y <agt　ben　pat>”。第二行是可以由动词填充的变项，当该动词被整合进构式时，该动词被看作是一个常项。第三行是构式的句法结构，即“～は～をVてやる”。例（48）a中，受益者并没有直接出现在非物的传递恩惠型テヤル中，通过语境可知受益者是“男子部員”，图中以“S”来表

示语境，“φ”表示空补语。

总之，构式赋予的受益者可以由非物的传递恩惠型テヤル的方向性来追溯，通过语境能够在上下文中推导出来。非物的传递恩惠型テクレル、テモラウ与非物的传递恩惠型テヤル的图示类似，这里不再一一描绘。非物的传递恩惠型テヤル中，恩惠指向非认知主体一方。非物的传递恩惠型テクレル中，恩惠指向认知主体一方。这两个构式的具体表达形式的语境明确时，受益者论元常被省略。非物的传递恩惠型テモラウ中，恩惠的方向指向主语（认知主体一方）。构式的主语，即受益者常常是说话人，所以主语常被省略，如例（48）c。

日语中的自动词的参与者一般只涉及一个生命体，如“寝る、行く、帰る、いる、走る”等，这类动词构成非物的传递恩惠型授受补助动词构式时，也是构式赋予动词一个受益者论元。例如：

（49）a. お婆ちゃんは足が悪く、家にはお風呂がなく、滑りやすい銭湯の中で杖をつくわけにもいかず困っていたのだ。私は一緒にお風呂に行ってあげたかったのだが…。（BCCWJ）

b. 家族には、もう話をしたんだ。母は泣いたが、一緒に行ってくれる人がいるならということで納得してくれた。（同上）

c. 周りの方でゴルフの上級者さんは居ないのですか？一緒に行ってもらったり、紹介してもらったらどうでしょう。（同上）

例（49）中的动词“行く”表示施动者的自主行为，一般不会涉及到其他人，动词的参与者角色只涉及一个生命体。这类动词与非物的传递恩惠型授受补助动词构式整合后，构式赋予动词一个受益者论元，动词得以整合到构式中。动词与非物的传递恩惠型授受补助动词构式的整合过程可以用图 5.9 来表示。

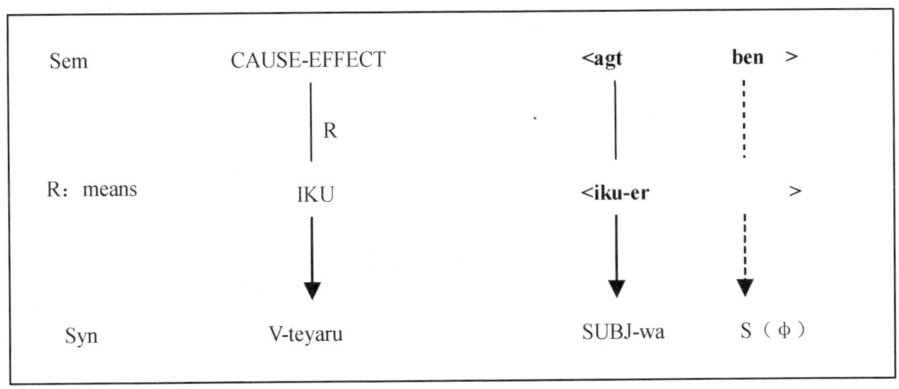

图 5.9　复合熔合构式：非物的传递恩惠型テヤル＋行く

图 5.9 中，第一行是构式的意义“X EFFECTS Y < agt　ben　pat >”。第二行是可以由动词填充的变项，当该动词被整合进构式时，该动词被看作是一个常项。第三行是构式的句法结构，即“～はVてやる”。例（49）a、b、c 中，受益者并没有直接出现在非物的传递恩惠型テヤル中，图中以“S”来表示语境，“φ”表示空补语。其中，例（49）a，非物的传递恩惠型テヤル构式表示外向性的施惠。句中的受益者需要通过句子的上下文来推导，语境表明受益者是“お婆ちゃん”。例（49）b，施动者是“他の人”，构式表明受益者是说话人。例（49）c，由于构式的方向明确，通过上下文可知受益者是听话人。句中的施动者是“周りの方でゴルフの上級者さん”。

实际语言表达中，当动词的参与者角色不是受益者，句子突显他人是受益者时，动词也有可能以角色数量误配的方式整合进入非物的传递恩惠型テヤル、テクレル中。例如：

（50）彼女は夫のために自分の髪を切ってやった。

（佐々木勲人，1994：321）

例（50）中，“彼女”剪掉自己的头发，这一行为对“夫”有益。“夫”不是动词的参与者角色，是句子突显的受益者。这一受益者论元是由构式赋予动词的。动词“髪を（切る）”以角色数量误配的方式与构式整合，形成了这一具体表达形式。

5.4 构式的能产性

Goldberg（1995）指出，许多构式的使用在某种程度上是能产的，构式的能产性可表现为构式不太限制进入构式的动词类型。根据这一观点可知，非物的传递恩惠型授受补助动词构式在一定程度上具有较高的能产性。例如5.3中讨论的“行く”等自动词。这类动词的参与者角色一般只涉及一个生命体，即施动者。动词语义表明施动者并不是有意将这一行为指向另一个生命体。这类动词在语义上与非物的传递恩惠型授受补助动词构式的语义冲突。但是，构式义压制动词义，这类动词也可以整合进入物的传递恩惠型テヤル、テクレル、テモラウ中，如例（49）。

非物的传递恩惠型授受补助动词构式具有较高的能产性，这一特点可以由非物的传递恩惠型テクレル所具有的能产性来体现。有些动词不能整合进入非物的传递恩惠型テヤル、テモラウ中，但仍能够整合进入非物的传递恩惠型テクレル构式，动词的类型不太受限制。非物的传递恩惠型テクレル的这一能产性不仅与构式语义有关，还与语境有关。

5.4.1　非物的传递恩惠型テクレル的构式义的作用

非物的传递恩惠型テヤル、テモラウ要求施动者应具有意志性，对行为具有控制性，这样一来，自动词中的非宾格动词①就无法进入非物的传递恩惠型テヤル、テモラウ中。但是，非物的传递恩惠型テクレル就没有这样的限制，这类动词仍可以整合进入非物的传递恩惠型テクレル中。例如：

（51）a. 雨が降ってくれてよかった。

b. ＊雨が降ってやった。

c. ＊雨に降ってもらった。

例（51）中，“（雨が）降る”是非宾格动词，它仍可以整合进入非物的传递恩惠型テクレル中，这与非物的传递恩惠型テクレル的构式义有关。非物的传递恩惠型テクレル构式是认知主体将某一行为识解为有益于己方，构式不要求施事（非认知主体一方）具有施惠的意愿性，例（51）a 可以成立。非物的传递恩惠型テヤル要求施动者应具有意志性，对行为具有控制性，所以例（51）b 不成立。非物的传递恩惠型テモラウ表示受益者获得了他人实施的某种恩惠行为，构式突显认知主体一方受益。这一过程是认知主体作用于施动者使之采取某种有益于己方的行为的过程，或者是认知主体寄希望于获得这种恩惠的过程，所以非物的传递恩惠型テモラウ的施动者应对行为具有

① Perlmutter（1978）将自动词分为两小类。一类是非作格动词，主要的义素为意愿控制及自主，如跳、玩、哭、睡等。一类是非宾格动词，主要的义素是无意愿控制及非自主，如漂、上升、减少、死等。两者的区别就在于动作行为的意志与非意志义上，相当于意志义自动词和无意志义自动词（转引自杨玲，2008：136）。

控制性（高見健一・加藤鉱三，2003f：96）。例（51）c 不符合这一语义，所以例（51）c 不能成立。与此类似的例子还有不少，例如：

（52）a. 蕾ではなく花でした！実も欲しかったけど、花が新たに咲いてくれたということは感涙にむせぶ訳ですよ。

（BCCWJ）

b. *花が新たに咲いてやった。

c. *花に新たに咲いてもらった。

（53）a. 電車がちょうど来てくれて助かった。

b. *電車がちょうど来てやった。

c. *電車にちょうどきてもらって助かった。

（高見健一・加藤鉱三，2003f：97）

与例（51）一样，例（52）a、（53）a 可以成立，例（52）b、c，例（53）b、c 不能成立。

总之，由于非物的传递恩惠型テクレル表示认知主体将某一行为识解为有益于己方，构式不要求施动者具有施惠的意愿性，所以构式中的事态可以是某种自然现象，构式中的主语可以是非生命体。非物的传递恩惠型テクレル具有较高的能产性。

5.4.2 语境的作用

非物的传递恩惠型テクレル突显己方受益，正是这一语义不限制主语是否具有意志形。因此，构式义能够压制动词义，非宾格动词也可以整合进入非物的传递恩惠型テクレル中。但是，并不是说认知主体可以将任何事件或事态识解为有利于己方。例如：

（54）*君がお酒が飲めてくれて、助かった。

（高見健一・加藤鉱三，2003e：99）

高見健一・加藤鉱三（2003e）指出，可能动词和表恒常状态的静态动词不能进入非物的传递恩惠型テクレル。澤田淳（2004）也指出这一点。例如：

（55）＊1＋1は2であってくれる。　　　　（澤田淳，2004：120）

澤田淳（2004）将这一现象解释为"认知主体不能识解为恩惠的条件"，即动词或动词短语的含义是"不变的真理、法则"时，认知主体无法将这类事态识解为有益于己方。但是，在一定的语境中，可能动词和表恒常状态的静态动词也有可能整合进入非物的传递恩惠型テクレル。例如：

（56）お酒が飲めるようになってくれて、助かった。

（高見健一・加藤鉱三，2003e：99）

（57）この世の中はなかなか1＋1が2であってくれないものだ。

（澤田淳，2004：120）

例（56）中，在句中"～ようになる"这一表达形式的作用下，"お酒が飲めるようになる"具有了表示转变之意，不再表示恒常状态，例（56）得以成立。例（57）中，在"なかなか～ないものだ"这一构式的作用下，"1＋1が2である"不再"表示不变的真理、法则"，而是表示"与预想的结果相符，进展顺利"这一语义，这一语义和构式语义不再冲突，所以例（57）可以成立。

5.4.3　构式压制对构式能产性的解释

5.4.2 所讨论的与非物的传递恩惠型テクレル的能产性有关的语言现象，可以用构式压制理论进行解释。尽管非物的传递恩惠型テク

レル具有较高的能产性，但是，如果动词所表示的事态与认知主体受益之间没有因果关系，句中无法建立转喻关系，这些动词不能整合进入非物的传递恩惠型テクレル。例（54）、（55）中，“酒がのめる”“1+1が2である”表示的事态为恒常状态，这一状态不会对某一生命体造成任何影响，句中不存在原因代结果的转喻关系。即使构式压制词汇，词汇也无法做出相应的调变，构式压制失败，句子无法成立。

然而，在语境这一外部动因的作用下，动词语义做出某种调变，使得构式义可以有效地发挥压制作用，句子得以成立。例（56）、（57）能够成立，是因为例（56）中的“ようになる”、例（57）中的“なかなか~ないものだ”的语义发挥了较大的作用。在它们的作用下，动词语义发生了调变，使得原来不可接受的表达形式被压向其对立面，成为可以接受的表达形式。

语境在构式压制中发挥较大作用的现象也出现在非物的传递恩惠型テモラウ中。非物的传递恩惠型テモラウ要求施动者应具有意志性，对行为具有控制性，所以非宾格动词不能整合进入非物的传递恩惠型テモラウ。但是，在语境这一外部动因的作用下，这类动词构成的非物的传递恩惠型テモラウ也可以成立。例如：

（58）a. *雪に溶けてもらった。

b. 早く雪に溶けてもらい、美しい春の訪れが見たいものだ。

（高見健一・加藤鉱三，2003e：99）

（59）a. *あの嫌な奴に死んでもらった。

b. あんな嫌な奴には、いっそ死んでもらった方が、みんな喜ぶんじゃないでしょうか。

（高見健一・加藤鉱三，2003e：99）

高見健一・加藤鉱三（2003e）认为，例（58）b、例（59）b能够成立的原因是“XはYにVてもらう”这一构式具有“感谢、托……的福、归功于……”的含义。这一结论说明这类“XはYにVてもらう”句中的事态和“认知主体受益”之间具有因果关系。例（58）b、例（59）b也是在语境这一外部动因的作用下，动词所表示的事态与认知主体受益之间建立起了某种因果关系。句中可以建立以原因代结果的转喻关系，使得认知主体能够将事态识解为己方受益，句子得以成立。

5.5　小结

本章讨论了非物的传递恩惠型授受补助动词构式的概念结构和认知图式。由于隐喻的作用，行为的传递被看作了实物的传递，其结果是传递物消失，接受者论元转变为受益者论元。非物的传递恩惠型授受补助动词构式的概念结构可表示为“X EFFECTS Y”。

非物的传递恩惠型授受补助动词构式突显恩惠义，物的传递这一含义在构式语义中背景化或者物的传递这一语义消失。非物的传递恩惠型テヤル、テクレル与テモラウ的典型用法存在不同之处。非物的传递恩惠型テヤル、テクレル的受益者论元的表现形式较为突出，多种多样。其表现形式大致可分为两类：一类是动词的参与者角色就是构式的受益者论元，受益者以“を”格、“の”格、“から”格、“と”格等名词短语表示；一类是动词的参与者角色没有成为构式的受益者论元，而是构式赋予动词一个参与者角色，此时受益者以“～のために”名词短语等形式出现。非物的传递恩惠型テモラウ的施动

者论元一般情况下由“に”格名词短语表示。

非物的传递恩惠型授受补助动词构式传承了物的传递恩惠型授受补助动词构式的部分信息。动词与构式之间的整合方式是角色的侧重误配和角色数量误配。

非物的传递恩惠型授受补助动词构式的能产性表现为构式不限制动词的类型，大多数动词可以整合进入非物的传递恩惠型テヤル、テクレル、テモラウ中。构式的能产性还表现为非物的传递恩惠型テクレル具有较高的能产性，这一现象不仅与构式语义有关，还与语境有关。在语境这一外部动因的作用下，动词所表示的事态与认知主体受益之间建立起了某种因果关系。句中可以建立以原因代结果的转喻关系，使得认知主体能够将事态识解为己方受益，句子得以成立。

第六章　非恩惠型授受补助动词构式

授受补助动词构式的原型用法是物的传递恩惠型授受补助动词构式。物的传递恩惠型授受补助动词构式突显物的传递和恩惠。其中，物的传递这一语义不扩展，恩惠扩展为非恩惠，这类授受补助动词构式就是物的传递非恩惠型授受补助动词构式。例如：

（1）あいつに風邪をうつしてやったぞ。ざまあ見ろ。

（高見健一・加藤鉱三，2003c：105）

例（1）既有“あいつに風邪をうつす”这一传递义，又表示该行为让“あいつ”得病，因此难受、不舒服。例（1）之所以可以突显非恩惠义，是因为句中的行为“あいつに風邪をうつす”具有消极意义。通过第四章的讨论可知，在语境这一外部动因的作用下，传递物可以扩展为具有消极意义。但是，即使传递物扩展为具有消极意义，在语境的作用下，构式压制词汇，构式仍表示恩惠。例如：

（2）未払金を完済するまで、約四年の月日がかかりましたが、目標を失うことの怖さを教えてくれたという意味で、この経験はぼくにとって非常に貴重なものとなっています。

（BCCWJ）

例（2）中的“怖さ”表示“令人害怕的”，具有消极意义。但是，句子的后半句表明这一传递行为对说话人来说是一种宝贵的经验，有利于说话人。例（2）仍突显恩惠义。例（1）不表示恩惠义，与该句上下文中不存在“某人因为这一行为受益”这一语境，无法解读出“風邪をうつす”这一行为会有利于“あいつ”。

物的传递恩惠型授受补助动词构式中的物的传递扩展为非物的传递、恩惠扩展为非恩惠，这类授受补助动词构式就是非物的传递非恩惠型授受补助动词构式。例如：

（3）彼を困らせてやろうと思い、屋根に登っている間に梯子をはずしてやった。

（高見健一・加藤鉱三，2003c：107）

例（3）表示说话人为了给他苦头吃，在他登房顶时把梯子给撤了。例（3）与例（1）类似，其前后两个テヤル构式都表示“彼”因为施动者的行为受损。

本章重点分析上述两种非恩惠型授受补助动词构式，即物的传递非恩惠型授受补助动词构式和非物的传递非恩惠型授受补助动词构式中，促使构式表现出非恩惠义的各要素的特点，并分析产生这一语言现象的动因。

6.1 物的传递非恩惠型授受补助动词构式

物的传递非恩惠型授受补助动词构式既突显非恩惠义，又表示物的传递这一语义。本书将句子表示的中立义和不利义统称为非恩惠义。三个系列的授受补助动词构式中，テヤル构式既可以突显非恩惠义，又表示物的传递。表示非恩惠义的テクレル构式本身就很少，兼具物的传递这一含义的句子就更少。例如：

（4）よくもひとの顔に泥を塗ってくれたなあ。

（豊田豊子，1974：83）

例（4）表示说话人将“顔に泥を塗る”这一不利于自己的事态故意识解为有利于自己，从而产生反语的效果。例（4）中的惯用语“顔に泥を塗る”其语义来源表示传递，可归为物的传递非恩惠型テクレル。但是如果将惯用语作为一个整体来看待，仍可将其归到非物的传递非恩惠型テクレル中。テモラウ构式没有收集到既表示物的传递又表示非恩惠的用法，所以这一小节将主要讨论物的传递非恩惠型テヤル。

非恩惠义又分为中立义和不利义，讨论物的传递非恩惠型授受补助动词构式中的非恩惠义，需分别讨论表示中立义的物的传递非恩惠型テヤル和表示不利义的物的传递非恩惠型テヤル。

6.1.1　表示中立义的物的传递非恩惠型テヤル

中立义，是指具体表达形式的语义不会使某人受益，也不会使某人受损。根据语义，表示中立义的テヤル还可以分为表示改变事态的テヤル和表示意志或宣泄义的テヤル。

6.1.1.1　表示改变事态

这类构式中的动词不具有消极意义，事态只涉及一个生命体，即实施传递行为的人。这一传递行为不会给接受者带来某种利益或带来某种损失。例如：

（5）ただしアントシアン系の色素であるため、組織をつぶすと汚い紫色に変わるが、レモンとかライムの汁を加えてやれば、鮮やかな赤に戻る。

(BCCWJ)

(6) この風船に息を二、三回吹き込んでやると、たちまちびっくりするぐらい大きくなります。 (同上)

例（5）表示如果将柠檬或酸橙的汁加到花色素中，其颜色会发生改变。构式突显施事将柠檬或酸橙的汁加到花色素这一行为的方向，这一行为不会给花色素带来利益或损失。例（6）表示把气吹到气球里，气球就会变大。这类表达形式表示给予者实施这一传递行为后，接受者的状态或与接受者相关的事态发生了改变，所以句子的意义可称为“改变事态”①。

表示改变事态的テヤル，多后续接续助词“と”“ば”“たら”等，如例（5）、(6)。这类具体的表达形式如果不使用テヤル并不影响句子的意义，使用了テヤル，是为了突显传递行为的方向。

表示改变事态的テヤル适用于待遇形式“てあげる”，且有扩大使用的趋势，在关于健康和烹饪的电视节目中经常使用这类用法，这类构式还逐渐出现了“～ましょう”“～てください”等表达形式(村田美穂子，1994：79)。例如：

(7) 仕上げに（料理に）胡椒をひとふりしてあげましょう。

(村田美穂子 1994：79)

(8) お休み前に、このナイトクリームをお顔全体につけてあげてください。

(同上)

例（7）在表示烹饪时，给即将出锅的菜（或汤）里撒一勺胡椒

① 山田敏弘（2001d）提出的“事態改善”这一用法。

粉，句中使用了“～ましょう”这一形式。例（8）是请说话人往脸上涂晚霜，句中使用了“～てください”这一形式。

由此可知，表示改变事态的テヤル构式中，给予者是生命体，接受者是非生命体或生命体身体的某一部分，给予者的这一传递行为不会给接受者带来某种利益也不会带来某种损失。这类表示中立义的テヤル虽然也表示物的传递这一语义，但是其中的接受者多扩展为非生命体，这样更容易表现出テヤル构式突显传递行为中给予者给物这一方面。

6.1.1.2　表示意志或宣泄义

这类构式中的动词大多不具有消极意义，事态涉及两个生命体。构式表示给予者实施了某一传递行为，但是该行为不会使接受者受益或受损。例如：

（9）それから八千代は、こうなったら、平生言いたいと思っていることをみんな言ってやろうと思った。

（中日对译语料库）

（10）彼は伯父には洩らさぬ不平を（妻に）いってやったが、分遣隊ではじめて受け取った、またはじめての封緘でない便りは、それの返事ではなかった。

（豊田豊子，1974：89）

例（9）中，“八千代”打算将自己想说的话都说给对方听，这一行为不是给对方带来恩惠或损害。可以认为例（9）表示意志义。例（10）中，“彼”因为相信自己的妻子，把不敢透漏给叔父的不满都告诉了妻子。这一行为不是“彼”有意使妻子受益或受损，因此被称为方向义（豊田豊子，1974：89）。也可以将例（10）看成“彼”把憋在心里的某些不满告诉自己妻子，以此宣泄自己的情绪。意志或宣泄这两个语用含义比较难区分，有时两者是掺杂在一起的。例（9）表达了“八千代”要说出心里话的意志，而表达出这一意志后，在某种程度上也是宣泄了自己的感情。将例（10）归结为表示宣泄，是因为“彼”有种不管不顾的想法，把自己的不满说出来后以宣泄自己的情感。构式用于过去时，将具体表达形式所表示的语用含义称为意志义并不是很合适，因此将例（10）的意义称为宣泄义。这两个句子都有把话语传递给对方的含义，句子中的传递行为不会使接受者受益，也不会使接受者受损。

6.1.2 表示不利义的物的传递非恩惠型テヤル

テヤル构式表示物的传递的同时，还表现出不利义，主要原因在于这一构式具有消极意义，在传递行为的意义属性和语境的作用下，テヤル构式突显不利义。

①传递行为表示不利义

（11）クソッタレが。今までの数十分はなんだったのかと修作は腹が立った。兄の机に唾を吐いてやったが、それでも怒りは治まらない。

（BCCWJ）

（12）腹いせにあいつの家に火をつけてやった。

（高見健一・加藤鉱三，2003c：106）

例（11）中，修作故意向自己哥哥的桌子上吐唾沫，让哥哥心里不舒服。例（12）表示说话人放火把那个家伙的家烧了。单从动词短语的语义来看，“唾を吐く”可以是某人的生理行为，“火をつける”可以是单纯点火以达到取暖或其他目的。但是这些行为涉及到某一个生命体或生命体的所属物时，人们很容易将这类行为识解为具有不利于他人的含义。同时，例（11）、（12）中的语境更加突显这类行为具有不利于他人的语义。如例（11）中的“腹が立つ”、例（12）中的“腹いせ”“あいつ”等短语，都可以表明施动者为发泄不满才采取了这一不利于他人的行为。再来看下面的例子。

（13）お前の顔に北京ダックを投げつけてやる![1]

（http：//kamome. 2ch. net/test/read. cgi/news4plus/1321156599/）

（14）片山は今夜の夕食の時には、石津のおかずにキャットフードを混ぜてやろうと決心した。　（中日対訳コーパス）

例（13）表示把北京烤鸭扔到那些大言不惭的韩国人脸上，给他们点颜色看看。行为是由动词短语“〇〇（料理名）を投げつける”来表现，单纯分析这一行为的意义属性，既可以说这一行为没有消极意义，也可以说这一行为具有消极意义[2]。但是，当这一行为涉及某人时，认知主体很容易将这类行为识解为具有不利于某人的含义。例（14）是片山打算把猫粮混到石津的饭里，给他点苦头吃。单纯分析短语“キャットフードを混ぜる”，不能认为它在任何时候都具有不利义。给猫喂食时这一行为是对猫有好处。但是，针对某个人采取这一行为后，传递行为就具有了不利于某人的含义。再来分析下面的例子。

（15）あいつに風邪をうつしてやったぞ。ざまあ見ろ。

［＝例（1）］

例（15）表示给那个家伙传染上感冒，这一行为会让那个家伙受

① 例（16）的背景是：韩国的电视剧中出现了某些瞧不起中国菜的对白，中国网友纷纷表示不满。日本网站报道了这一新闻，并根据汉语的说法将其译成了这句日语。

② 如何识解这一行为是具有消极意义，还是不具有消极意义，也是主观性的一种表现。如果从这一行为没有涉及他人这一角度来看，也许有些人认为这一行为不具有消极意义。

损。单纯分析这个句子的某一组成分具有不利义并不十分准确，从“あいつに風邪をうつす”这一行为整体来分析更容易理解物的传递恩惠型テヤル所表示的不利义。

总之，构式语法强调应从构式整体的意义来分析具体表达形式，而不宜单独分析其组成成分。上述例句表明，物的传递非恩惠型授受补助动词构式的不利义能够表现出来，是句中的传递行为与语境共同作用的结果。

②语境使得テヤル构式突显不利义

（16）a. 帰国して写真ができてからあいつに手紙を添えて送ってやった。

（BCCWJ）

b. あいつを困らせようと思い、手紙を送りつけてやった。

例（16）a 具有恩惠义，表示为他寄了封夹有照片的信。例（16）b 中，因为句中存在“あいつを困らせよう”这一表示不利义的句子，为保持语义一致，“手紙を送りつけてやる”被解读为寄了封使之为难的信，构式突显行为具有不利于他人的语义。

既表示物的传递又表示不利义的テヤル构式包含给予者施以能量致使传递物移动的过程。由于テヤル构式突显传递行为中的给予者给物这一方面，所以这类テヤル构式中的给予者具有较强的意志性，有些句子中甚至是施事故意采取某一传递行为。表示不利义的テヤル构式中的格助词“に”表示物体到达的终点，此时的接受者没有接受的意愿。

6.2 非物的传递非恩惠型授受补助动词构式

非物的传递非恩惠型授受补助动词可以分为非物的传递非恩惠型テヤル、非物的传递非恩惠型テクレル、非物的传递非恩惠型テモラウ，本节将分别讨论它们的典型表现形式。

6.2.1 非物的传递非恩惠型テヤル

关于非恩惠型テヤル，山田敏弘（2001d）提出了“受影响者”这一分类标准，按照句中是否存在“受影响者”将非恩惠型テヤル进行了分类。例如：

（17）a. あの奴を殺してやった。

b. 試合に勝ってやるぞ。

例（17）a、b 都不表示恩惠义。（17）a 中存在有受“殺す”这一行为影响的人，即“あの奴”，山田敏弘（2001d）将这类构式称为“受影者存在型”テヤル。例（17）b 中不存在受“試合に勝つ”这一行为影响的人，因此，山田敏弘（2001d）将这类构式称为“受影者非存在型”テヤル。根据构式表现出来的语义可知，“受影者非存在型”テヤル表示中立义，本书将这类テヤル构式称为表示中立义的非物的传递非恩惠型テヤル；“受影者存在型”テヤル多表示不利于受事这一含义，本书将这类テヤル构式称为表示不利义的非物的传递非恩惠型テヤル。下面具体分析这两类构式的典型表达形式。

6.2.1.1 表示中立义的非物的传递非恩惠型テヤル

通过6.1.1的讨论可知，中立义可以分为改变事态和意志、宣泄义。非物的传递非恩惠型テヤル也可以表示这两种含义。

①表示改变事态

表示改变事态的非物的传递非恩惠型テヤル也多后续接续助词“と”“ば”“たら”等。例如：

（18）行動圏の面積に生息密度を掛けてやれば、行動圏内に何匹の同種の動物が住んでいるかを計算する式が作れる。

（BCCWJ）

（19）外からのしかるべき刺激により、毛細血管や末梢神経、さらに毛根周辺の細胞を活性化させ、毛乳頭の生命力を引き出してやると、毛乳頭が再び活動を開始し、髪の源である毛母細胞を育てるようになるのです。

（同上）

例（18）的意思是，如果将动物的活动面积乘以其生存密度，就可得出这一种类的动物的总数量。例（19）的意思是，如果刺激毛囊让它焕发出生命力，可培育出毛母细胞。这两个句子不含有物的传递这一含义，施动者的行为不会给受事带来利益或损害。例（18）、（19）都表示施动者实施某一行为后，受事的状态或整个事态发生了某种改变。即使句中不出现テヤル也并不影响例（18）、（19）要表达的意义，使用了テヤル，是为了突显行为的方向。

表示改变事态的テヤル构式还适用于待遇形式“～てあげる”。例如：

（20）肌の新陳代謝を良くしてあげればほんとうに恐れることは無いですよ。

(BCCWJ)

这类改变事态的“～てあげる”也有扩大使用的趋势，例如：

(21) 肌がバリバリになっているのであれば加湿器を買って室内の湿度を上げてあげましょう。 (BCCWJ)

总之，表示改变事态的非物的传递非恩惠型テヤル，其具体表达形式可以表示施动者实施某一行为后，受事的状态或整个事态发生了某种改变。

②表示意志、宣泄义

这类非物的传递非恩惠型テヤル中的动词具有这样的特点：动词的参与者角色一般只涉及一个生命体，即施动者。一般说来，它们没有不利于他人的语义。这类动词主要有“勝つ、入賞する、働く、稼ぐ、偉くなる、合格する、生きる、持ち続ける、死ぬ、勉強する、食べる、飲む”等①。

(22) 四日目は、どうしても勝ってやると心に決め、土俵に上がった。 (BCCWJ)

(23) それでも二係の者は、正面にいる警視が冷たい目でじろりと見ただけで坐りこむと、初めてその日一日、大いに働いてやろうという力が湧きあがってくるのである。

(同上)

例（22）中，“勝つ”表示在比赛中获胜，具有积极意义，动词只有一个参与者角色，即说话人。例（23）中，“働く”具有中立义，动词只有一个参与者角色，即句中的“二係の者”。这两个句子都不存在受行为影响的受益者。例（22）表示说话人表达了自己要在比赛

① 这些动词是笔者搜索语料库BCCWJ，经分析后抽取的部分词汇。

中获胜的决心和意志。例（23）“二係の者”面对警视总监的不信任，一下子涌起“努力工作给上司看”的意愿，也表示了他们的决心。

这类非物的传递非恩惠型テヤル构式中，说话人的行为没有影响到他人，句子既不表示给某人好处，也不表示给某人带来不利，可认为具有中立义。现有研究中有的学者认为这一构式具有意志义（豊田豊子，1974、山田敏弘，2001d）。有的学者认为具有“強い意志、「…てみせる」にちかい決意すらある。これは、自虐状態での自暴自棄や、信念[①]とも言える決意”（森田良行，1995：177）的含义。为了加强这一含义，部分句子还会使用感叹号。例如：

（24）当然晩御飯の準備なんかしてるワケもなく、お寿司とお惣菜買いに行ってきましたがなあ一一。今夜は飲んでやる！食べてやる!! …とりあえず今日はご報告まで。「留守中」にいただいたたくさんのコメ、ほんとにありがとうございます。…（BCCWJ）

（25）ぼくは、すばらしい船乗りになるぞ。ほばしらによじのぼったり、船を走らせたりするんだ。そして海のさかなを、みんなつかまえてやる。

（豊田豊子，1974：87）

例（24）表示说话人一个人在家、不受拘束时的轻松心情，以痛快地喝酒、吃东西来表达自己的心情。例（25）表示说话人乘船出海时轻松、畅快的心情，说话人以“魚を捕まえる”这一动作表达了自己的心情。可以认为这两个句子的语用含义可称为“情感的宣泄”。

通过上面的分析可知，非物的传递非恩惠型テヤル可表示说话人

① 下划线为笔者所加，森田良行（1995）指出的这一含义与本书提到的“意志”类似。

宣告自己将要采取某种行为的意志。

这类非物的传递非恩惠型テヤル主要使用非过去时的“る”形、“う（よう）”形，例如：

（26）この際すっぴんで出勤してやろうかなって思ってるんですけど、マナー違反ですかね？（BCCWJ）

（27）監督は胸の内では、負ける可能性を計算しているかもしれないが、それ以上に「あわよくば勝ってやろう」という気持ちがある。（同上）

这类非物的传递非恩惠型テヤル中不存在受行为影响的人，一般不用过去时。如果用了过去时，句中可能存在受行为影响的受益者。例如：

（28）#冬じたくの衣料が入用になったので少々稼いでやった。（山田敏弘，2001d：92）

例（28）的句中虽然没有出现受益者，但是，使用了过去时的“稼いでやった”让日语母语者想到的是上下文中一定会出现因这一行为而获益的受益者（山田敏弘，2001d：92）。例（28）的语境并不明确，如果上下文可以明确句中不存在受益者，表示宣泄义的テヤル构式可以使用过去时。例如：

（29）（独り言）暇だから、ちょっとその辺を歩いてやった。（BCCWJ）

（30）ぼくはゆうゆうと道をあるいてきた。そして、ときどき天のほうを向いて、夕立を飲んでやった。（豊田豊子，1974：86）

（31）きのうの21 時から寝て今日の10 時まで途中で2 回アメーバピグやるためだけに目が覚めたけど13 時間寝てやった。

(http://handsomeneco.blog94.fc2.com/blog-entry-1871.html)

例(29)的句中没有受益者，句子让人想到的是“今天心情舒畅，有些空闲，就在附近散步了”这一场景。例(30)表示说话人在雨中时不时地喝雨水以宣泄自己的某种情感。例(31)说话人讲述“自己美美地睡了13个小时，让自己好好放松了一下”这个情景。这三个句子都是说话人对已发生的事情的一种描述。

表示宣泄义的テヤル构式的特征就是句中不存在受行为影响的人，这类表达不宜使用“~てあげる”。例如：

(32) #その金を学資にして<u>勉強してあげた</u>。

(山田敏弘，2001d：92)

使用“~てあげる”的例(32)多被认为表示恩惠义。句中使用了“~てあげる”，就是说话人考虑到听话人与自己的人际关系，为了尊重听话人而使用了这一表达方式，因此例(32)中存在受益者——听话人。

6.2.2.2 表示不利义的非物的传递非恩惠型テヤル

非物的传递非恩惠型テヤル中，表示不利义的构式的具体表达形式可如例所示。

(33) 俺は大いに腹が立ったから、いきなり<u>車夫を蹴飛ばしてやった</u>。 (BCCWJ)

(34) <u>彼を困らせてやろう</u>と思い、屋根に登っている間に<u>梯子をはずしてやった</u>。 [=例(3)]

例(33)中，“蹴飛ばす”不利于受事“車夫”，构式突显这一不利义。例(34)中，“困らせる”这一行为不利于“彼”，同时，这一语义使得“梯子をはずす”也不利于“彼”。构式同样突显不利义。

非物的传递非恩惠型テヤル表示不利义，主要原因在于这一构式

具有消极意义，在传递行为的意义属性和语境的作用下，テヤル构式突显不利义。

①行为表示不利义

这一构式中的动词多数具有不利于他人的含义。根据动词语义，可将其中常用的动词分为两大类。一类是对动作对象、动作对象的所属物造成伤害的动词，如“殺す、殴る、蹴飛ばす、にらめる、復讐する、叱り付ける、殴りつける、脅かす、罵る、辱しめる、ふんだくる、突き落とす、破り捨てる、壊す、食らわす、脅しつける”等[①]。

（35）おまえも梶田と同じようになるぞとか、おまえも殺してやるぞとか言うでしょう。（BCCWJ）

（36）「あたしは、あの男に復讐してやろうと思ったのよ、でも娘にまた裏切られた」（同上）

例（35）、（36）中的“殺す”“復讐する”等动词，都表示对动作对象造成某种伤害。此外，为了表达施动者的不满，动作对象常用“お前”“奴”等来表示。非物的传递非恩惠型授受补助动词构式突显施动者的行为不利于某人。

另一类动词，如“盗む、奪う”等，动词表示以某种不合法的方法获取某种物品。

（37）観光客を騙そうとか、何かを盗んでやろうなんて気はサラサラなく…

（http：//ameblo. jp/cathy94/entry－11331049747. html）

（38）お前の大事なものを、ことごとく奪ってやるぞ。

（BCCWJ）

① 这些动词是笔者搜索语料库 BCCWJ，经分析后抽取的部分词汇。

例（37）、（38）不存在物的传递这一含义。因为“盗む”“奪う”表示以不合法的方式从他人处那里得到某种物品，从而给物品的原领属者带来某种损失。在语境的支持下，构式突显动作行为具有不利于受事的领属者这一语义。

（39）村野便所会社だと言って生徒と一緒になって手拍子打っていた先生はどいつだってね。自分はね、そのとき、その庖丁でその先生の土手っ腹に穴を開けてやろうと思ったんですよ。（BCCWJ）

（40）「この…妖怪ジジイ！ こっ、今度はその禿頭を消し炭にしてやるぞっ!」

（同上）

例（39）中，行为是由动词短语“土手っ腹に穴を開ける”来表现，构式突显这一行为不利于“その先生”。例（40）中，“消し炭にする”的受事是具体的物体时，无从判断这一动作是有利于某人，还是不利于某人。但是这一行为涉及到生命体身体的某一部分，如“妖怪ジジイの頭を消し炭にする”时，这一行为表示把那个妖怪老头的脑袋当炭烧，认知主体很容易将这一行为识解为具有不利于某人的含义。

有时，表示不利义的非物的传递非恩惠型テヤル中的动词具有中立义，但是句中的其他词汇具有消极意义或特殊含义，如名词、副词等。在这些词汇语义的作用下，构式突显行为具有不利义。

（41）でも私の子供が寝ている時に平気で子供を連れ、大騒ぎされた日が続いたときには嫌な顔してやりました。

（BCCWJ）

（42）女マッサージ師の次は女占い師、予言者ときた。「で、何

か重大な出来事がありましたか?」片山は、わざと訊いてやった。 （中日对译语料库）

例（41）指说话人的姑姑常带孩子来打扰说话人。说话人只好故意给她脸色看，使其难堪或使其感到不悦。句中“嫌な顔をする”这一行为表示了说话人的不满。“嫌な”这一定语，突显了施动者的这一行为具有使对方难堪或使其感到不悦这一语义。例（42）中，“片山”为表示自己的不满，故意说“发生了什么大事?”这种挖苦的话。这时，副词“わざと”使得“訊く”搭配“何か重大な出来事がありましたか?”后，行为具有了消极意义。

②语境使得テヤル构式突显不利义

有些非物的传递非恩惠型授受补助动词构式在某些语境中表示恩惠义或中立义，但在某些具有不利义的构式语义压制下，为了保持一致，这一构式的行为也具有了消极意义，构式突显不利义。例如：

（43）a. うっぷんを晴らしたくて、残りの料理を全部食べてやった。

b. 彼女を困らせようと思い、残りの料理を全部食べてやった。

（部田和美，2011：4）

例（43）a 中，“残りの料理を食べてやる”表示意志义，句中不存在受这一行为影响的人。例（43）b 中存在“彼女を困らせよう”这样一个表示不利义的句子，为保持语义一致，“残りの料理を食べてやる”具有了把剩下来给她的饭菜全都吃了这一语义，テヤル构式突显不利义。

通过上面的讨论可知，非物的传递非恩惠型テヤル的具体表达方式较多，这一构式也表示中立义和不利义。其中，表示中立义的テヤ

ル构式又可分为表示改变事态的テヤル构式和表示意志、宣泄义的テヤル构式。

6.2.2 非物的传递非恩惠型テクレル

非物的传递非恩惠型テクレル中的动词具有消极意义或者句中的其他词汇具有消极意义，构式具有不满、挖苦、讽刺、反语等语用含义。例如：

（44）とんだことをしてくれたなあ。　（豊田豊子，1974：83）

（45）母はおれに黙って、登美子にこんな手紙を出していた。おれを犯人にするために、わざわざ有力な証拠をこしらえてくれたのだ…。　（BCCWJ）

（46）困ったことをしてくれたな。今後こういうことがあったら、もう寺には置かれんから、そのつもりでいなさい。

（同上）

例（44）－（46）中，语境不能支持认知主体将事态识解为有利于自己，认知主体却故意识解为己方获益，两者冲突后产生了讽刺、反语的语用效果。这类表达形式的句末常使用终助词"なあ"表示说话人不满、挖苦的语气。

有些非物的传递非恩惠型テクレル中的动词并没有不利于某人的含义，但是在其他词汇的语义作用下，句子产生了反语的语用效果。

（47）（カラスの鳴き声を聞いた留学生が冗談交じりに言う話）

この大学は不吉な声で僕らを歓迎してくれた。

（森田良行，1998：7）

动词"歓迎する"具有有利于他人的含义，它构成的テクレル构

式应表示恩惠义。例（47）具有反语的语用效果，是因为出现了“不吉な声で”，说话人故意以表示恩惠的テクレル构式进行调侃，以活跃气氛，提醒学生注意听讲。

非物的传递非恩惠型テクレル也可以使用待遇形式“～てくださる”。例如：

（48）取りかえしのつかないことをしてくださいましたね。

（山田敏弘，2001d：99）

由此可知，非物的传递非恩惠型テクレル表示认知主体有意将表示不利义的事态识解为己方获益，两者冲突后产生了讽刺、反语的语用效果。

6.2.3　非物的传递非恩惠型テモラウ

非物的传递非恩惠型テモラウ的句式更为固定，主要表现为“～てもらっては困る”“～てもらってはいけない”，不宜单独讨论テモラウ的用法和意义。“～てもらっては困る”“～てもらってはいけない”才是一个形义配对体，下面就将其整体看成一个构式来讨论它的用法和语义。

①使用时的限制条件

（49）「私がいることを忘れてもらっては困るな」ルーホークは、バスタードソードの切先をエルスフォースにむけて言った。（BCCWJ）

（50）ちょっと、電話して断れよ、今ここへ来てもらっちゃ迷惑だって。

（山田敏弘，2001h：94）

非物的传递非恩惠型テモラウ的使用限制条件是说话人一定存在于行为所表示的事态的现场，并对该事态表明自己的感情。非物的传递非恩惠型テモラウ的前半句，是引发说话人感情流露的事态，这是已经发生的、作为事实存在的事态，如例（49）；或者是说话人将马上要发生的事态当作是眼前发生的事态来看待，如例（50）。

②具体表达形式的时态、人称

“～てもらっては困る”“～てもらってはいけない”不能用于过去时，主语只能是第一人称（说话人）而不能是其他人称。

（51）？あんなふうに誤解してもらっては、困っただろうよ。

（山田敏弘，2001h：95）

（52）？あんなふうに誤解してもらっては、誰だって困る。

（同上）

例（51）表明，“～てもらっては困る”用于过去时，句子不能成立。例（52）表明，“～てもらっては困る”的主语不是第一人称，而是“だれ”时，句子不能成立。

非物的传递非恩惠型テモラウ，其中的施动者论元的表现形式不同于非物的传递恩惠型テモラウ。

（53）a. くどいけど、昔話だってこと、（φ/？アナタニ）忘れてもらっちゃ困りますよ。　（山田敏弘，2001h：97）

b. あたしのことは、全部あなたに見ていただきました。

（同上）

例（53）a 是非物的传递非恩惠型テモラウ，施动者一般不能以“に”格名词短语的形式出现。例（53）b 是非物的传递恩惠型テモラウ，施动者需要以“に”格名词短语的形式出现。

非物的传递非恩惠型テモラウ也有扩大使用的趋势。例如：

（54）酒税改革によって輸入品や高級国産品の小売値も下がる、というのでなければ消費者は納得しないだろう。政府も業界もこのことを忘れてもらっては困る。

（山田敏弘，2001h：97）

（55）…官公庁に働く人が気概をなくしてもらっては困る。

（同上）

这些句子中的施动者依旧不能以“に”格名词短语来表示，可以使用格助词“が”或提示助词“も”。

③构式的语用含义

非物的传递非恩惠型テモラウ的意义是“談話内ではその動作主である聞き手に対しての非難であり、その動作・行為が存在する方向へ向かってはいるものの未実現であれば、それを抑止することを意図した表現である”（山田敏弘，2001h：98）。也就是说，这一构式的语用含义就是表示“说话人的不满、责难，其意图是阻止事态的发生”。

6.3　非恩惠义产生的动因

非恩惠型授受补助动词构式是从授受补助动词构式的原型用法扩展而来。授受补助动词构式的原型为物的传递恩惠型授受补助动词构式，既表示物的传递又表示恩惠。物的传递恩惠型授受补助动词构式和非物的传递非恩惠型授受补助动词构式都表示非恩惠义，这一非恩惠义不是从原型用法直接传承而来，而是原型用法扩展时发生了某种变异。为什么恩惠义可以扩展为非恩惠义？本节主要围绕这一问题讨论非恩惠义产生的动因。

6.3.1 物的传递非恩惠型授受补助动词构式的非恩惠义产生的动因

物的传递恩惠型授受补助动词构式是授受补助动词构式的原型用法，物的传递恩惠型授受补助动词构式中的物的传递这一语义未发生扩展，恩惠义从利益义扩展为中立义或不利义，这样的具体表达形式既表示物的传递，又突显非恩惠义。例如：

（56）a. 帰国して写真ができてからスダルミに手紙を添えて送ってやった。

（BCCWJ）

b. この電球に電流を送ってやれば、あちらの電球も一緒につきます。

（高見健一・加藤鉱三，2003c：105）

c. あの嫌いな奴に不幸の手紙を送りつけてやった。

（同上）

例（56）a 中的给予者和接受者是生命体，传递物是具体的、有形的物体。这个句子是授受补助动词构式的原型用法，句子既表示物的传递，又表示恩惠。例（56）b 中的给予者是生命体，接受者为非生命体，传递物是抽象事物。句子扩展为表示物的传递和中立义。例（56）c 中，给予者和接受者是生命体，传递物具有消极意义。句子扩展为表示物的传递和不利义。

通过 2.4 的讨论可知，授受补助动词构式的原型用法是物的传递恩惠型授受补助动词构式，物的传递非恩惠型授受补助动词构式是由物的传递恩惠型授受补助动词构式扩展而来。以例（56）c 为例，句中没有“不幸”这个词语，只有“手紙を送りつける”这一短语，同时后句出现他因此而受益这一类表达时，这个句子就是物的传递恩惠型授受补助动词构式。此时，构式义占主动，动词能够整合进入物的传递恩惠型授受补助动词构式。当句中出现“不幸”这个词语时，构式义与词汇义发生冲突，例（56）c 中又没有支持构式的恩惠义得以表现出来的语境。这时，往往是词汇义反弹，词汇义压制构式义成功，构式不得不做出某种调变，构式表示不利义。词汇义能够压制构式义获得成功，也是因为语境这一外部动因推动的结果。

词汇压制构式获得成功的认知机制还可以用心理学的“惯性思维”来解释。词汇与构式发生冲突，此时这类搭配应属于错误搭配。但是，人类的“惯性思维”使得人们在心理上倾向于认为这一搭配没有问题，将其视为与正常搭配相似的句式，最终趋向于接受这一搭配。也可能有这一因素的作用，词汇义才能压制构式义获得成功。通过分析与例（56）c 相似的具体表达形式，就可抽象出这类授受补助动词构式的语义特征，这类构式是物的传递非恩惠型授受补助动词构式。

总之，构式中的恩惠义能够扩展为中立义，直到不利义，可以说是词汇义压制构式义的结果。

6.3.2　非物的传递非恩惠型授受补助动词构式的非恩惠义产生的动因

非物的传递非恩惠型授受补助动词构式表示非恩惠义，这一现象仍可以用词汇压制构式这一理论来阐释。

非物的传递非恩惠型授受补助动词构式也是从授受补助动词构式的原型用法，即物的传递恩惠型授受补助动词构式扩展而来。构式的传递义发生较大的扩展，同时恩惠义从利益义扩展为中立义或不利义。这一过程可如下例所示：

(57) a. わたしは花子にイチゴを摘んでやった。

b. わたしは花子の代わりにイチゴを摘んでやった。

c. (暇だから) イチゴを摘んでやろう。

d. 花子を困らせてやろうと思って、花子のイチゴを摘んでやった。

例 (57) a 是物的传递恩惠型授受补助动词构式，授受补助动词构式以这一用法为原型用法进行扩展。当物的传递这一语义背景化，构式只突显恩惠义时，形成的具体表达形式就是非物的传递恩惠型授受补助动词构式，如例 (57) b。例 (57) b 只表示恩惠义，物的传递这一语义背景化，句中“花子の代わりに”表示受益者。当句子中的传递义继续扩展，句中完全不存在物的传递这一含义。同时，该行为既不会使他人受益，也不会使他人受损时，形式的具体表达形式就是非物的传递非恩惠型授受补助动词构式，如例 (57) c。例 (57) c 表示说话人的意志，构式具有中立性。句中的“摘む”只是一个单纯的行为，既不表示摘东西给某人，也不表示摘东西会给某人带来损失。当句子继续扩展，句中完全不存在物的传递，同时句子突显行为使他人受损时，这样形成的具体表达形式是非物的传递非恩惠型授受补助动词构式，如例 (57) d。例 (57) d 中，说话人摘草莓这一行为是未经“花子”允许而采取的行为，说话人有意使“花子”受损，这一构式具有不利义。

动词语义本身不包含有物的传递时，它可以构成非物的传递恩惠型授受补助动词构式。当构式中的恩惠义扩展，句子表示既不会使他人受益，也不会使他人受损时，这样形成的具体表达形式就是表示中立义的非物的传递非恩惠型授受补助动词构式。扩展、句子表示使他人受损时，这样形成的具体表达形式就是表示不利义的非物的传递非恩惠型授受补助动词构式。例如：

（58）a. 残りの料理を全部食べてやった。

b. うっぷんを晴らしたくて、残りの料理を全部食べてやった。

c. 彼女を困らせようと思い、残りの料理を全部食べてやった。

（部田和美，2011：4）

例（58）中的动词“食べる”没有物的传递这一语义，具有中立性。这个动词构成的授受补助动词构式的具体表现形式是例（58）a。例（58）b 表示说话人为了发泄郁闷，将剩下的饭菜都吃光了。这个句子是表示宣泄义的非物的传递非恩惠型授受补助动词构式。例（58）c 中存在受损者“彼女”。说话人把留给“彼女”的饭菜都吃光了，这一行为不利于“彼女”。这个句子是表示不利义的非物的传递非恩惠型授受补助动词构式。例（58）的句子显示了一般语境表示恩惠义的“食べてやる”，在语境这一外部因素不断变化的情况下，逐渐从恩惠义扩展为非恩惠义，其中的动因就是词汇压制构式。

（59）a. あんたのために彼を殺してやった。

b.（ゲームのキャラクターが独り言を言う）殺してやるぞ!

c. つべこべ言う奴は一人残らず殺してやった。（BCCWJ）

例（59）中的动词“殺す”没有物的传递这一语义，具有不利义。但是构式压制动词语义，所以这个动词构成的授受补助动词构式的具体表现形式是例（59）a，句子表示恩惠义，句子不表示物的传递这一语义。例（59）b 表示游戏中的主人公自言自语表达自己的意志，可以认为“殺してやるぞ”是类似于“杀啊!”的表达形式。当然，杀过去后自然是对某个人或很多人不利。但游戏中的主人公说这句话时，受这一行为影响的人不在构式突显的语义中。例（59）b 是表示意志义的非物的传递非恩惠型授受补助动词构式。例（59）c 中存在受损者“奴ら”，句子突显不利义，例（59）c 是表示不利义的非物的传递非恩惠型授受补助动词构式。

例（57）–（59）表明，非物的授受非恩惠型补助动词构式的原型用法是从非物的传递恩惠型授受补助动词构式扩展而来。与物的传递恩惠型授受补助动词构式扩展为物的传递非恩惠型授受补助动词构式一样，句子从突显恩惠义扩展为突显非恩惠义，这是词汇压制构式的结果。这一扩展过程也同样可以用“惯性思维”来解释。词汇义与构式义发生冲突，此时这类搭配应属于错误搭配。但是，人类的“惯性思维”使得人们在心理上倾向于认为这一搭配没有问题，将其视为与正常搭配相似的句式，最终趋向于接受这一搭配。也可能有这一因素的作用，词汇义才能压制构式义获得成功。

非物的传递非恩惠型テクレル表示非恩惠义，这一语义的产生也是词汇压制构式的结果。例如：

（60）<u>とんだことをしてくれた</u>なあ。　　（豊田豊子，1974：83）

例（60）中，如果换成“いいことをしてくれた”，句子表示恩惠义，说话人是受益者。但是，“とんだこと”与非传递义授受补助动词构式的恩惠义冲突。此时，“とんだこと”的语义占主动，压制构式义获得成功，テヤル构式做出调变，说话人故意将不能识解为恩惠的行为识解为有利于自己，句子具有了讽刺、反语的语用含义。再来分析下面的句子。

（61）よくもそんなことをしてくれたものだ。

（庵功雄他，2002：170）

虽然“そんなことをしてくれた”可以表示说话人是受益者，但是“よくも～ものだ”的语义使得テヤル构式做出相应的调变，句子具有了反语的语用含义。这是构式中其他词汇或其他构式压制构式的结果。非物的传递恩惠型授受补助动词テクレル构式具有不利义，不是这一构式的语义单纯造成的，是句中的其他词汇与构式语义的作用下形成的。因此，可以将“よくも～てくれたものだ”看成是一个惯用句式。

非物的传递非恩惠型テモラウ语义的产生主要是其他构式压制构式的结果。例如：

（62）そんなところに突っ立ってもらっては困るんだよ。

（庵功雄他，2002：170）

例（62）中，“突っ立ってもらう”可以表示“如果施动者呆在那里，说话人将不受打扰并因此受益”这一含义。但是テモラウ构式与“～ては困る”接续，“～ては困る”这一构式压制了恩惠义的产生，テモラウ构式不得不做出调变，句子具有了“说话人表示不满并意图阻止事态发生”这一语用含义。所以，可以将“～てもらってはこまる”看成是一个惯用构式。

通过以上分析可知，非物的传递非恩惠型授受补助动词构式的非恩惠义是非物的传递恩惠型授受补助动词构式与构式中的动词或其他词汇（或其他构式）的语义发生冲突后，词汇义（或其他构式）压制构式义，使得构式做出某种调变，并在其基础上产生了新的语义，形成了一个新的形义配对体。

6.4 小结

非恩惠型授受补助动词构式分为物的传递非恩惠型授受补助动词构式和非物的传递非恩惠型授受补助动词构式。这两类テヤル构式中的非恩惠义可以分为中立义和不利义。根据具体表达形式的语义，表示中立义的テヤル构式又可分为表示改变事态的テヤル构式和表示意志、宣泄义的テヤル构式。

无论表示物的传递还是不表示物的传递，表示改变事态的テヤル构式的特点都是用于条件句的前项，后续接续助词“と”“ば”“たら”等，其具体表达形式都可以表示施动者实施某一行为后，受事的状态或整个事态发生了某种改变。表示意志、宣泄义的テヤル构式中的动词一般没有不利于他人的语义，句中不存在受益者。这类构式的具体表达形式表示施动者的意志或宣泄等语用含义。表示不利义的テヤル构式突显不利义，主要表现为行为具有不利义或语境使得テヤル构式突显不利义。

非恩惠型テクレル主要表现为非物的传递非恩惠型テクレル。句中的动词具有不利义或者句中的其他词汇具有不利义，构式具有不满、挖苦、讽刺、反语等语用含义。非物的传递非恩惠型テモラウ主要表现为“~てもらっては困る”“~てもらってはいけない”，构式表示说话人的不满、责难，意图是阻止事态的发生。

非恩惠型授受补助动词构式的构式义的产生过程说明，物的传递非恩惠型授受补助动词构式是由物的传递恩惠型授受补助动词构式扩展而来，其物的传递这一语义传承自这一原型用法。非物的传递非恩惠型授受补助动词构式是从非物的传递恩惠型授受补助动词构式扩展而来，其非物的传递这一语义传承自非物的传递非恩惠型授受补助动词构式。这两种构式都表示非恩惠义，非恩惠义是词汇压制构式的结果，人们的“惯性思维”也可能在其中起了一定的作用。

第七章　结束语

本书主要基于构式语法理论讨论了授受构式的扩展模式，各类构式的语义产生的认知机制或动因，讨论了各构式之间的关系，描述了授受独立动词构式的原型用法和扩展用法以及各类授受补助动词构式的典型用法，分析了构式与动词的整合方式，讨论了构式中的部分压制现象。本章总结主要研究成果，并指出今后的研究方向。

7.1　研究结论

关于授受构式的众多研究都是围绕“授受”展开，例举各类表达形式的特点，指出各类表达形式的不同之处。本书在构式语法的理论基础上，重点讨论了各类授受构式产生的认知机制，分析了各构式的意义与用法，描述了构式间的传承关系。主要的结论有以下三点。

7.1.1　授受构式的扩展及各构式之间的关系

日语的授受构式是对人类经验的基本传递事件的感知体验和概念

化加工。典型传递事件的原型意义可表示为“X CAUSES Y TO RECEIVE Z”。日语中，这一概念结构动词化时形成了“I”模式下的授受独立动词构式，即“XはYにZをやる”“XはYにZをくれる”“XはYに/からZをもらう”。

授受独立动词的实际意义逐步虚化后，可扩展为授受补助动词构式。授受补助动词构式自身的意义也会逐步虚化，不断扩展。授受构式的扩展主要经历了两个不同层次的扩展。第一个层次是授受独立动词构式扩展为授受补助动词构式，构式的意义从物体的传递扩展为事件的传递。第二个层次是授受补助动词构式的扩展。授受补助动词构式的原型用法来自授受独立动词构式，可表示物的传递和恩惠义。原型用法中的传递和恩惠这两个意义单独或同时扩展后，可形成四类典型的授受补助动词构式。它们分别是：物的传递恩惠型授受补助动词构式、非物的传递恩惠型授受补助动词构式、物的传递非恩惠型授受补助动词构式、非物的传递非恩惠型授受补助动词构式。

授受补助动词构式的扩展是以物的传递恩惠型授受补助动词构式为原型展开的。物的传递恩惠型授受补助动词构式向非物的传递恩惠型授受补助动词扩展时的认知机制是隐喻。在隐喻的作用下，行为的传递被看作了实物的传递，非物的传递恩惠型授受补助动词构式传承了物的传递恩惠型授受补助动词构式的恩惠义。物的传递恩惠型授受补助动词构式扩展为非物的传递恩惠型授受补助动词构式后，在此基础上，恩惠义扩展为非恩惠义，从而扩展为非物的传递非恩惠型授受补助动词构式，这一构式传承了非物的传递恩惠型授受补助动词构式中的非物的传递（即行为的传递）这一语义。物的传递非恩惠型授受补助动词构式则是由物的传递恩惠型授受补助动词构式扩展而来，构式传承了物的传递恩惠型授受补助动词构式的物的传递这一语义。物的传递非恩惠型授受补助动词构式和非物的传递非恩惠型授受补助动词构式都表示非恩惠义，非恩惠义的产生是词汇压制构式的结果。

授受构式的扩展模式可以用图 7. 1 表示。图 7. 1 是在图 2. 1 的基础上形成的。

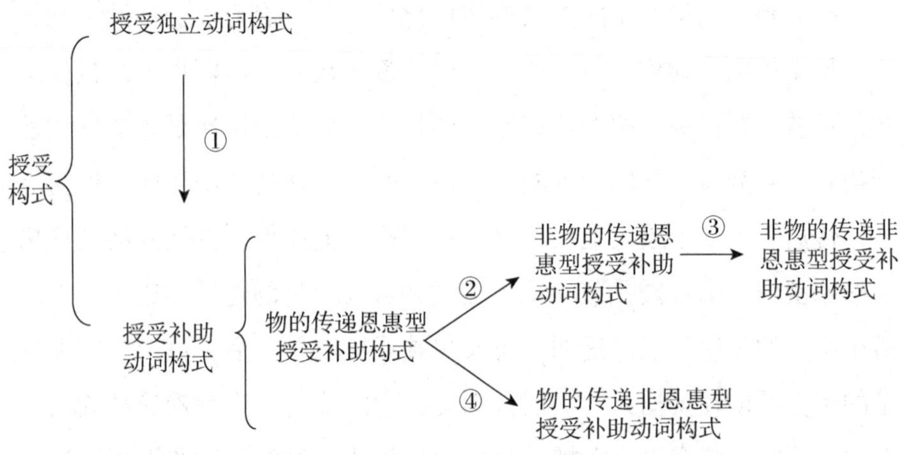

图 7. 1　授受构式的语义扩展模式①

图 7. 1 表明，授受独立动词构式在“物的传递→事件的传递”这一隐喻机制作用下，构式整体发生扩展，衍生出授受补助动词构式。图中以符号“①”来表示这一扩展过程。授受补助动词构式的原型意义来自授受独立动词构式，也表示物的传递和恩惠义。以物的传递恩惠型授受补助动词构式为原型，原型意义中的物的传递这一语义扩展为非物的传递，物的传递恩惠型授受补助动词构式扩展为非物的传递恩惠型授受补助动词构式。图中以符号“②”来表示这一扩展过程。

① 授受独立动词构式内部的论元角色及相关要素也会从原型意义向边缘意义扩展。这一内容已在 2. 3 中具体讨论，这里只讨论授受构式的构式义的扩展模式，所以授受独立动词构式的论元角色及相关要素的扩展不再标示在图 7. 1 上。图示中的①②③④的符号不表示扩展顺序，只是为了方便解释和理解图 7. 1 的内容。

非物的传递恩惠型授受补助动词构式中是否存在受益者，需要语境的支持。当语境这一外部因素发生变化，不再支持受益者存在时，词汇义压制构式义，其结果是非物的传递恩惠型授受补助动词构式扩展为非物的传递非恩惠型授受补助动词构式。图中以符号“③”来表示这一扩展过程。以物的传递恩惠型授受补助动词构式为原型，原型意义中的物的传递这一语义不扩展。当语境这一外部因素发生变化，不再支持接受者因传递行为受益时，词汇义压制构式义，其结果是物的传递恩惠型授受补助动词构式扩展为物的传递非恩惠型授受补助动词构式。图中以符号“④”来表示这一扩展过程。

之所以认为物的传递恩惠型授受补助动词扩展为非物的传递恩惠型授受补助动词构式后，再扩展为非物的传递非恩惠型授受补助动词构式，是因为与人们的认知规律有一定的关系。原型用法中传递义是人类基本经验的反映，恩惠义是这一传递行为影响接受者后，由认知主体推导出来的结果（Nida，1975；转引自由井紀久子，1997：44）。传递行为由实到虚，扩展为动作事件影响受益者时，认知主体推导出受益者因施动者的行为获益。之后，由于语境的改变，恩惠义扩展为非恩惠义。如果反过来，原型用法中的传递行为因语境的改变，接受者不是受益者，恩惠义扩展为非恩惠义后，传递行为再从实到虚进行扩展不太符合认知规律。主要原因还是恩惠义、非恩惠义是行为发生后由认知主体推导的意义，物的传递行为或非物的传递行为是其产生的基础。

授受补助动词构式的原型用法来自授受独立动词构式，也表示物的传递。传递事件包含“给物”、“送人”、“获物”三个方面。认知主体的观察角度和对基体-侧面的突显方式不同，使得ヤル、クレル、モラウ构式分别突显了传递事件的不同方面。其中，モラウ构式具有

使役性与被动性的认知动因是构式以接受者获物这一结果来转喻整个传递事件。这一观点可用来解释1.2指出的下面这个问题。

（1）中学校ではぼくたちは伊藤先生に英語を教えてもらった。

（奥津敬一郎・徐昌華，1982：98）

例（1）既可以表示"ぼくたち"获得了"伊藤先生"的授课，"ぼくたち"单纯受益，此时テモラウ构式具有被动性。也可以表示"ぼくたち"请求"伊藤先生"授课，此时テモラウ构式具有使役性。例（1）中的テモラウ构式传承自テモラウ构式，也表示物的传递这一语义。例（1）中的テモラウ构式具有使役性和被动性的认知动因是构式以接受者获物这一结果来转喻整个传递事件。当句子突显接受者获物这一结果时，テモラウ构式具有被动性；当句子突显接受者作用于给予者使之给物的过程时，テモラウ构式具有使役性。

7.1.2 构式和动词的整合关系

通过动词的配价给动词分类，并根据动词的语义来确定构式的意义，这一研究方法虽然能解释一些语法现象，但是也有一定的局限性，对某些问题不能做出合理的解释。例如：

（2）a. 花子が食べたそうだったので、僕は、花子にイチゴを摘んでやった。

b. 花子が忙しそうだったので、僕は、花子のかわりにイチゴを摘んでやった。（高見健一・加藤鉱三，2003c：108）

例（2）中，同一动词在授受补助动词构式中可以搭配不同的名词短语，表示不同的意思，该如何解释这一语言现象？通过本书的讨论可知，例（2）a属于物的传递恩惠型授受补助动词构式，例（2）

b 属于非物的传递恩惠型授受补助动词构式，构式的语义不同。因为存在两种语义不同的构式，所以同一动词与这两种构式整合从而体现出不同的意义。例（2）a 中，“摘む”构成了物的传递恩惠型授受补助动词构式，动词的传递义得以突显，整个表达形式具有说话人摘草莓给花子这一语义。例（2）b 中，“摘む”构成非物的传递恩惠型授受补助动词构式，动词只表示“イチゴを摘む”这一行为，物体的移动这一含义不再突显。因此，整个表达形式具有说话人代替花子做某件事，花子因此受益的含义。

构式具有独立的意义，动词与构式整合后的具体表达形式可以体现出构式的意义。这一观点可解释下面的语言现象。

（3）わたしは友達にケーキを作ってやった。

现有研究认为，动词的语义包含或潜在包含有物体的移动时，动词构成的授受补助动词构式具有传递义。但是，这一结论并不能完全解释“作る”这类制作类动词为什么潜在地包含有物体的移动。基于构式语法的理论可知，“作る”这个动词，它的参与者角色是施事“制作人”和受事“制作物”。如“ケーキを作る”中，“わたし”是施事，“ケーキ”是“作る”生成的物体，动词只表示生成某一物体这一语义。当“作る”和物的传递恩惠型テヤル整合时，构式可以提供接受者这一论元角色，它与动词“作る”的参与者角色没有关系。动词和构式整合后可体现构式的语义，所以尽管“作る”不包含物的传递这一语义，但是“作る”与物的传递恩惠型授受补助动词构式整合后形成的具体表达式，如例（3）可以表示物的传递这一语义。

根据物的传递恩惠型授受补助动词构式和动词的整合方式，本书将能够整合进入这类构式的动词分为显性传递类动词、潜性传递类动词、零传递类动词。动词的意义与构式的意义一致，以角色对应的方式整合进入物的传递恩惠型授受补助动词构式的就是显性传递类动词；以角色的侧重误配方式整合进入物的传递恩惠型授受补助动词构式的就是潜性传递类动词，以角色数量误配的方式整合进入物的传递恩惠型授受补助动词构式的就是零传递类动词。以构式为着眼点来处理动词的分类，可使分类变得简单、易行，也有较大的解释力和说服力。

7.1.3 压制现象及对特殊构式的解释

构式语法理论指出，一个语句的意义取决于词汇义和构式义的互动，这一过程中会出现构式压制的现象。构式压制分为构式压制词汇和词汇压制构式。这些理论可用来解释授受构式中存在的下列语言现象。

①构式压制词汇可以解释与构式义相冲突的词汇得以出现在构式中的现象

例（3）中的“作る”等制作类动词能够整合进入物的传递恩惠型授受补助动词构式就是构式压制词汇的结果。如制作类动词，动词语义不包含有物的传递，动词的参与者角色中没有接受者。可以说动词语义与物的传递恩惠型授受补助动词构式的语义冲突。制作类动词与物的传递恩惠型授受补助动词构式整合时，构式义压制词汇义，构式可赋予这类动词一个接受者论元，这类动词得以出现在物的传递恩惠型授受补助动词构式中。“作る”能够整合进入物的传递恩惠型授受补助动词构式，是因为制作行为可以成为传递的先行事件，句式可以建立以前提转喻行为这一关系，所以例（3）能够成立。

构式压制词汇能够实现，还需要语境这一外部因素的支持。例如：

（4）a. ＊君がお酒が飲めてくれて、助かった。

b. お酒が飲めるようになってくれて、助かった。

（高見健一・加藤鉱三，2003e：99）

澤田淳（2007b）认为，认知主体不能将表示恒常状态的客观事态看作有利于己方，例（4）a不能成立，但该研究未能解释例（4）b可以成立的原因。高見健一・加藤鉱三（2003e）指出，这一表达形式不能成立与动词语义有关。例（4）a不能成立，是因为“お酒が飲める”表示恒常状态，例（4）b可以成立，是因为“お酒が飲めるようになる”表示某种变化。这一语言现象还可以用压制（Coercion）理论进行阐释。

基于构式语法的压制理论可知，例（4）a中的“酒が飲める”表示的事态为恒常状态，这一状态不会对某一生命体造成任何影响，句中不存在原因代结果的转喻关系。即使构式义压制词汇义，词汇义也无法做出相应的调变，构式压制失败，句子无法成立。然而，在语境这一外部动因的作用下，句中的其他词汇可以使构式义有效地发挥压制作用。例（4）b得以成立，“～ようになる”发挥了较大的作用。“酒が飲める”的语义与构式义冲突，构式义压制动词义，要求动词作出某种调变，“酒が飲める”与“～ようになる”结合表示某种变化，这一语义与构式义相符合。最终，构式义压制词汇义获得成功，句子得以成立。

②词汇压制构式可以用来解释授受构式中的特殊表达

构式语法的出发点是研究异常、特殊或边缘性的语言现象，构式压制观对授受构式中的特殊表达有较强的说服力。特殊表达的出现，可以用词汇压制构式来解释。授受独立动词构式中可以出现“病気をもらう”“小言をもらう”这类表示不利义的搭配。这类特殊、异常

的表达用压制理论能够得到较好的解释。本书将“病気をもらう”“小言をもらう”看作是已固定为习语的表达方式。这一构式中多数为固定词语，只有几个少数的表示不利义的名词可以代入其中。这是词汇义压制构式义后，モラウ这一构式做出相应的调变后形成的。

物的传递非恩惠型授受补助动词构式是由物的传递恩惠型授受补助动词构式扩展而来，非物的传递非恩惠型授受补助动词构式是从非物的传递恩惠型授受补助动词构式扩展而来。这两类构式中的非恩惠义能够产生是词汇压制构式的结果，这一现象也符合 Langacker（2000）提出的“基于用法的动态加工模型”，因为语言应用一直是处于动态过程之中，可允许其中有一定的变异。

7.2 今后的研究课题

限于篇幅，有关日语授受构式的研究还有以下几个问题未曾解决，本书将在今后的研究中予以探讨。

第一，本书基于构式语法的主要观点“构式具有独立义”“动词从构式传承意义”“构式从构式传承信息”来展开相关讨论，这样一来，似乎已预设事先存在两个独立实体。需要强调的是：“构式具有独立义”不是预先设定的，而是基于体验哲学和基于用法的模型，根据大量语言实例的表现总结出来的。本书对各类授受构式的意义演变及意义传承的分析结论是在构式语法的理论指导下，基于共时的语料得出的。研究构式的意义演变以及意义传承，还可以从历时的角度进行讨论。如有可能，今后将进行历时方面的研究与探讨。

第二，授受构式的待遇性也是其特征之一，尤其在口语表达中，不同的待遇表现会遵循一定的语用规则，具有不同的语用含义。语用含义不同的构式，即使形式上相似，也应属于不同的构式，所以三个系列的七种表达形式应属于不同的构式。这些不同的构式体现了不同的人际关系，如何运用和区分这些构式，是日语学习和日语教育研究中的重要课题，今后也有必要进行相关的研究。

第三，从体验哲学的角度来看，传递事件是人类共有的经验，但是从语言表达来看，不同国家的语言有着不同的表达方式。进行多语言对比研究，如果能够发现一些具有跨语言的普遍性特征的具体实例，将有利于构式理论的发展。各国语言中是否存在这样的实例，还需要大量的研究成果加以补充。授受构式的研究也是如此，如果能进行相关的汉日语言的对比研究，将具有较强的实践意义，有利于指导今后的日语教学。

参考文献

中文文献：

［1］ Adele E. Goldberg 著 . 1995. 吴海波译 . 构式：论元结构的构式语法研究［M］. 北京：北京大学出版社，2007.

［2］ 陈访泽、杨柳 . 日语授受动词三分化的认知基础与句法结构［J］. 外语教学与研究，2011（1）.

［3］ 陈满华 . 关于构式语法理论的几个问题［J］. 外语教学与研究，2009（5）.

［4］ 陈忠平、白解红 . 框架、场景与视角：Fillmore 语义理论认知观探源［J］. 外语教学与研究，2011（5）.

［5］ 程琪龙 . 概念框架和认知［M］. 上海：上海外语教育出版社，2006.

［6］ 邓云华、石毓智 . 论构式语法理论的进步与局限［J］. 外语教学与研究，2007（4）.

［7］ 董成如、杨才元 . 构式对词项压制的探索［J］. 外语学刊，2009（5）.

［8］ 董燕萍、梁君英 . 走进构式语法［J］. 现代外语，2002（2）.

［9］ 范晓 . 动词的“价”分类［C］//语法研究和探索第 5 辑 .

北京：语文出版社，1991.

［10］何晓炜．双宾语结构的句法研究［J］．现代外语，1999（4）．

［11］何晓炜．双宾结构与与格结构的关系分析［J］．外国语，2003（2）．

［12］何晓炜．最简方案框架下的英汉双宾结构生成研究［J］．现代外语，2008（1）．

［13］黄洁．转喻压制及其在英语双及物动词中的表现［J］．安庆师范学院学报，2009（2）．

［14］蓝纯．从认知角度看英语和汉语的空间隐喻［M］．北京：外语教学与研究出版社，2003.

［15］李琚宁．“可以”与日语授受表达形式［J］．日语学习与研究，2009（6）．

［16］李临定．双宾语句类型分析［C］//语法研究和探索第2辑. 北京：北京大学出版社，1984.

［17］李勇忠．构式义、转喻与句式压制［J］．解放军外国语学院学报，20004a（2）．

［18］李勇忠．语义压制的转喻理据［J］．外语教学与研究，2004b（6）．

［19］李勇忠．祈使句语法构式的转喻阐释［J］．外语教学，2005（2）．

［20］李宇明．领属关系与双宾句分析［J］．语言教学与研究，1996（3）．

［21］刘永耕．动词“给”语法化过程的义素传承及相关问题［J］．中国语文，2005（2）．

［22］刘正光主编．构式语法研究［M］．上海：上海外语教育出

版社，2011.

［23］陆俭明．再谈“吃了他三个苹果”一类结构的性质［J］．中国语文，2002（4）．

［24］陆俭明．词语句法、语义的多功能性：对“构式语法”理论的解释［J］．外国语，2004（2）．

［25］陆俭明．隐喻、转喻散议［J］．外国语，2009（1）．

［26］陆俭明．“构式语法”理论与汉语研究［C］//刘正光主编．构式语法研究．上海：上海外语教育出版社，2011.

［27］马洪海．汉语框架语义研究［M］．北京：中国社会科学出版社，2010.

［28］马庆株．现代汉语的双宾构式［C］//林涛主编．语言学论丛第十辑．北京：商务印书馆，1983.

［29］孟建国、康志峰．英汉双及物构式语义理据与理想化认知模式研究［J］．西安外国语大学学报，2011（2）．

［30］牛保义编著．构式语法理论研究［M］．上海：上海外语教育出版社，2011.

［31］潘钧主编．现代日语语言学前沿［C］．北京：外语教学与研究出版社，2010.

［32］沈家煊．“在”字句和“给”字句［J］．中国语文，1999（2）．

［33］沈家煊．句式和配价［J］．中国语文，2000（4）．

［34］沈家煊．说“偷”和“抢”［J］．语言教学与研究，2001（1）．

［35］沈家煊．认知与汉语语法研究［M］．北京：商务印书馆，2006a.

［36］沈家煊．“糅合”和“截搭”［J］．世界汉语教学，2006b

(4).

[37] 沈家煊、吴福祥、李宗江主编.语法与语法化研究(三)[C].北京:商务印书馆,2007.

[38] 施春宏.从构式压制看语法和修辞的互动关系[J].当代修辞学,2012(1).

[39] 石毓智.兼表被动和处置的“给”的语法化[J].世界汉语教学,2004a(3).

[40] 石毓智.汉英双宾结构差别的概念化原因[J].外语教学与研究,2004b(3).

[41] 石毓智.语法的概念基础[M].上海:上海外语教育出版社,2006.

[42] 陶明忠、马玉蕾.框架语义学——格语法的第三阶段[J].当代语言学,2008(1).

[43] 王燕.日语授受动词再考[J].日语学习与研究,2002(2).

[44] 王燕.谈给与补助动词指示受益者的语法功能[J].日语学习与研究,2003(2).

[45] 王寅.原型范畴理论与英汉构词对比[J].四川外语学院学报,2003(3).

[46] 王寅.认知语言学之我见[J].解放军外国语学院学报,2004(5).

[47] 王寅.事件域模型的认知分析与解释力[J].现代外语,2005a(1).

[48] 王寅.认知语言学探索[M].重庆:重庆出版社,2005b.

[49] 王寅.认知语法概论[M].上海:上海外语教育出版社,2006.

［50］王寅．认知语言学［M］．上海：上海外语教育出版社，2007.

［51］王寅．动结构式的体验性事件结构分析［J］．外语教学与研究，2009（5）．

［52］王寅．构式语法研究（上下卷）［M］．上海：上海外语教育出版社，2011.

［53］文旭、叶狂．转喻的类型及其认知理据［J］．解放军外国语学院学报，2006（6）．

［54］熊仲儒．论元与谓词的语义关系［J］．外国语，2009（5）．

［55］徐昌华．语用、认知与日语学习（Ⅰ）［M］．北京：北京大学出版社，2006.

［56］徐盛桓．试论英语双及物构块式［J］．外语教学与研究，2001（2）．

［57］徐盛桓．相邻关系视角下的双及物句再研究［J］．外语教学与研究，2007（4）．

［58］徐一平（代表）、陶振孝等译．日本语句型辞典［Z］．グループ・シャマシイ編著．日本語文型辞典中国語訳．北京：外语教学与研究出版社，2002.

［59］严辰松．构式语法论要［J］．解放军外国语学院学报，2006（4）．

［60］严辰松．“给予”双及物结构中的转喻［J］．外语学刊，2007（2）．

［61］严辰松．从“年方八十”说起再谈构式［J］．解放军外国语学院学报，2008（6）．

［62］杨凯荣．受益表达的使用条件和领属结构—汉日对比研究

［J］．日语学习与研究，2009（5）．

［63］杨玲．Vテクレル的结构和意义［C］//《日语研究》编委会编．日语研究第4辑．北京：商务印书馆，2006.

［64］杨玲．日语授受句研究综合述评［J］．日语学习与研究，2007（3）．

［65］于康．「～てやる」的语义扩展机制与论元角色［C］//《日语研究》编委会编．日语研究第3辑．北京：商务印书馆，2005.

［66］袁野．构式压制、转喻和广义转喻框架［J］．外国语言文学，20010a（3）．

［67］袁野．论构式压制的转喻阐释［J］．天津外国语学院学报，20010b（4）．

［68］袁野．汉语中的时体压制［J］．外国语文，20011（2）．

［69］张伯江．从施受关系到句式语义［M］．北京：商务印书馆，2009.

［70］张伯江．现代汉语的双及物结构式［C］// 刘正光主编．构式语法研究．上海：上海外语教育出版社，2011.

［71］张国宪．制约夺事成分句位实现的语义因素［J］．中国语文，2001（6）．

［72］张辉、孙明智．概念转喻的本质、分类和认知运作机制［J］．外语与外语教学，2005（3）．

［73］张韧．认知语法视野下的构式研究［J］．外语研究，2007（3）．

［74］张翼．认知语法和构式语法在论元结构问题上的互补性［J］．外国语，20011（1）．

［75］赵华敏．语言研究与日本语—以授受表达形式为例—［C］//张佩霞、王诗荣主编．第四届日语教学研究国际研讨会文集．

上海：华东理工大学出版社，2009.

［76］赵艳芳．认知语言学概论［M］．上海：上海外语教育出版社，2001.

［77］中村芳久．语言的主观性与客观性的认知机制［C］//池上嘉彦、潘钧主编．认知语言学入门．北京：外语教学与研究出版社，2008.

［78］朱德熙．与动词“给”相关的句法问题［J］．方言，1979（2）．

［79］朱德熙．语法讲义［M］．北京：商务印书馆，1982.

［80］朱德熙．包含动词“给”的复杂句式［J］．中国语文，1983（3）．

日文文献：

［81］庵功雄他．初級を教える人のための日本語文法ハンドバッグ［M］．東京：スリーエーネットワーク，2000.

［82］庵功雄他．新しい日本学入門［M］．東京：スリーエーネットワーク，2001.

［83］庵功雄他．中上級を教える人のための日本語文法ハンドバッグ［M］．東京：スリーエーネットワーク，2002.

［84］井島正博．授受動詞文の多層的分析［J］．成蹊大学文学部紀要32，1997.

［85］井出里咲子・任栄哲．人と人とを繋ぐもの—なぜ日本語に授受動詞が多いのか［J］．月刊言語，2001（4）．

［86］上野田鶴子．授受動詞と敬語［J］．日本語教育35，1978.

［87］王怡．授受表現における利益の受け手を確定する条件

[J]. 名古屋学院大学日本語・日本語教育論集第5号，1998.

[88] 王燕. 授受表現におけるウチ・ソトについて—敬語表現におけるウチ・ソトとの比較を通じて—[C]//2001年度日本語教育学会秋季大会予稿集，2001.

[89] 王燕. 日本語教育の立場から見た授受表現[M]. 北京：中国社会科学出版社，2010.

[90] 大江三郎. 日英語の比較研究—主観性をめぐって[M]. 東京：南雲堂，1975.

[91] 大曽美恵子. 受動詞文とニ名詞句[J]. 日本語教育50，1983.

[92] 大堀壽夫. 認知言語学[M]. 東京：東京大学出版会，2002.

[93] 奥津敬一郎. 授受動詞文の構造—日本語・中国語対照研究の試み—[C]//. 金田一春彦博士古希記念論文集第二巻言語学編. 東京：三省堂，1979.

[94] 奥津敬一郎. 動詞文型の比較—授与動詞文[C]//國廣哲彌編. 日英語比較講座2　文法. 東京：大修館，1980.

[95] 奥津敬一郎・徐昌華.「~てもらう」とそれに対応する中国語表現—請を中心に—[J]. 日本語教育46，1982.

[96] 奥津敬一郎. 授受表現の対照研究—日・朝・中・英の比較—[J]. 日本語学2-4，1983.

[97] 奥津敬一郎. やりもらい動詞[J]. 国文学解釈と鑑賞51-1. 至文堂，1986.

[98] 尾谷昌則・二枝美津子. 構文ネットワークと文法—認知文法論のアプローチ[M]. 東京：研究社，2011.

[99] 蒲谷宏. 日本語教育で授受動詞をどう教えるか[J]. 月

刊言語30（5），2001.

［100］河上誓作．認知言語学の基礎［M］．東京：研究社，1996.

［101］菊地康人．変わりゆく「させていただく」［J］．月刊言語26（6），1997.

［102］金殷模．いわゆる非恩恵の「－てやる」における受け手の再検討［J］．言語科学論集第7号，2003.

［103］金殷模．「てもらう」文の基本的意味から周辺的意味へ［J］．日本語の研究5（2），2009.

［104］金珉秀．「もらう」と「得る」の意味分析［J］．筑波応用言語学研究，1999（12）．

［105］金珉秀．授受動詞の意味分析－「もらう」と「受け取る」を中心に－［C］//草薙裕編．現代日本語の語彙・文法．東京：くろしお出版，2000.

［106］工藤真由美．アスペクト・テンス体系とテクスト－現代日本語の時間の表現－［M］．東京：ひつじ書房，1995.

［107］国広哲弥．意味論入門［J］．月刊言語15（12），1986.

［108］久野暲．談話の文法［M］．東京：大修館，1978.

［109］久野暲．第6章「～にVしてもらう」構文と「～がVしてくれる」構文［C］//．高見健一・久野暲著．中日英語の自動詞構文．東京：研究社，2002.

［110］熊田道子．待遇意識からみた「～てくれる」系表現と「～てもらう」系表　現［J］．文学研究科紀要第46輯第3分冊．早稲田大学大学院，2000.

［111］グループ・ジャマシイ編．日本語文型辞典．東京：くろしお出版，1998.

［112］ゴールドバーグA. E. 著．河上誓作・早瀬尚子・谷口一美・堀田優子訳．構文文法論［M］．東京：研究社，2001.

［113］佐久間鼎．現代日本語の表現と語法［M］．厚生閣，1936. 東京：くろしお出版より再版，1983.

［114］迫田久美子．日本語教育に生かす第二言語習得研究［M］．東京：アルク，2002.

［115］佐々木勲人．中国語の受益文［J］．言語文化論集38号．筑波大学現代語・現代文化学系，1994.

［116］佐治圭三．誤用例の検討―その一例―［J］．日本語教育34，1978.

［117］佐治圭三．外国人が間違えやすい日本語表現の研究［M］．東京：ひつじ書房，1992.

［118］澤田淳．日本語の受益構文に対する認知的・語用論的アプローチ：「ウチ/ソト」性条件再考［J］．早稲田大学日本語教育研究第5号，2004.

［119］澤田淳．日本語の受益構文と「主体化」：「－てくれる」構文と「－てやる」構文の比較［J］．日本認知言語学会論文集5，2005.

［120］澤田淳．日本語の授受構文のヴォイス的特性―「XがYにVてもらう」構文が有する「受動性」と「使役性」を中心に［J］．日本認知言語学会論文集6，2006.

［121］澤田淳．日本語の受益構文の格表示と物の授受性―認知言語学的アプローチ［J］．言語科学論集（13），2007a.

［122］澤田淳．日本語の授受構文が表す恩恵性の本質―「－てくれる」構文の受益者を中心として［J］．日本語文法7（2），2007b.

［123］柴谷方良．日本語の分析―生成文法の方法［M］．東京：大修館書店，1978.

［124］城田俊．話場応接態（いわゆる「やり・もらい」）―外主語と内主語［J］．国語学186，1996.

［125］新屋映子・姫野伴子・守屋三千代．日本語教科書の落とし穴［M］．東京：アルク，2000.

［126］高見健一．被害受身文と「～にVてもらう」構文―機能的構文論による分析［J］．日本語学19－5，2000.

［127］高見健一・久野暲．日英語の自動詞構文［M］．東京：研究社，2002.

［128］高見健一・加藤鉱三．受益表現の新展開［J］．月刊言語32（1～6），2003a～2003f.

［129］田窪行則．日本語の人称表現［C］//．田窪行則編．視点と言語行動．東京：くろしお出版，1997.

［130］辻幸夫．認知言語学への招待［M］．東京：大修館書店，2003.

［131］寺村秀夫．日本語のシンタクスと意味Ⅰ［M］．東京：くろしお出版，1982.

［132］寺村秀夫．日本語のシンタクスと意味Ⅱ［M］．東京：くろしお出版，1984.

［133］豊田豊子．補助動詞やる・くれる・もらうについて［J］．日本語学校論集1号．東京外国語大学外国語学部付属日本語学校，1974.

［134］部田和美．授受動詞「ヤル・クレル・モラウ」文の意味分析―抽象的対象物を含む授受動詞文を中心に―［J］．言語学論叢オンライン版．筑波大学一般・応用言語学研究室，2009（2）.

［135］部田和美．テヤルの意味分析—非恩恵を表すとされるテヤルを中心に—［J］．言語学論叢オンライン版．筑波大学一般・応用言語学研究室，2011（4）．

［136］中村芳久．二重目的語構文の認知構造—構文内ネットワークと構文間ネットワークの症例［J］．認知言語学論考，2001（1）．

［137］中村芳久．認知文法論Ⅱ［M］．東京：大修館書店，2004.

［138］仁田義雄．ヴォイス的表現と自己制御性［C］//仁田義雄著．日本語のヴォイスと他動性．東京：くろしお出版，1991.

［139］仁田義雄．シテ形接続をめぐって［C］//仁田義雄編．複文の研究（上）．東京：くろしお出版，1995.

［140］日本語教育学会編．新版日本語教育辞典［M］．東京：大修館書店，2005.

［141］沼田善子．授受動詞文と対人認知［J］．日本語学 18－9，1999.

［142］野田尚史他．日本語学習者の文法習得［M］．東京：大修館，2001.

［143］野田尚史．コミュニケーションのための日本語教育文法［M］．東京：くろしお出版，2005.

［144］橋元良明．授受表現の語用論［J］．月刊言語 30（5），2001.

［145］姫野伴子．「てもらう」文の働きかけ性と恩恵性［C］//松田徳一郎教授着追悼論文集．東京：研究社，2003.

［146］姫野伴子．「～させていただく文の与益・使役者と動作対象について［J］．留学生教育 06．埼玉大学留学生センタ

一，2004.

［147］廣瀬幸生．授受動詞と人称［J］．月刊言語 30 (5)，2001.

［148］黄順花．日本語のシテヤル・シテクレル—日本語と韓国語［J］．国文学解釈鑑賞 61 -7. 至文堂，1996.

［149］彭広陸．「Vてもらっては~」について［C］//日本语言文化研究第五辑．北京：学苑出版社，2004.

［150］許明子．テモラウ文と受身文の関係について［J］．日本語教育 105，2000.

［151］堀口純子．年少児の受給表現［C］//F. C. パン・堀素子編．ことばの発達．東京：文化評論出版，1979.

［152］堀口純子．授受表現にかかわる誤りの分析［J］．日本語教育 52，1984.

［153］牧野成一．ウチとソトの言語文化学［M］．東京：アルク，1996.

［154］益岡隆志．受動表現と主観性［C］//仁田義雄編．日本語のヴォイスと他動性．東京：くろしお出版，1991.

［155］益岡隆志．日本語文法の諸相［M］．東京：くろしお出版，2000.

［156］益岡隆志．日本語における授受動詞と恩恵性［J］．月刊言語 30（5)，2001.

［157］松下大三郎．改選標準日本文法［M］．中文館書店，1928. 復刊（訂正再版）．東京：勤勉社，1978.

［158］松村明編．『大辞林』（第二版）［Z］．東京：三省堂，1995.

［159］松本曜編．認知意味論［C］．東京：大修館書店，2003.

［160］水谷信子．日英比較 話しことばの文法［M］．東京：くろしお出版，1985.

［161］三宅知宏．日本語の受益構文について［J］．国語学 186，1996.

［162］宮地裕．「やる・くれる・もらう」を述語とする文の構造について［J］．国語学 63，1965.

［163］村木新次郎．日本語動詞の諸相［M］．東京：ひつじ書房，1991.

［164］村田美穂子．「やる・してやる」と「あげる・してあげる」（現代語のゆれ＜特集＞）［J］．国文学解釈と鑑賞 59（7），1994.

［165］籾山洋介．認知意味論のしくみ［M］．東京：研究社，2002.

［166］籾山洋介・深田智．「第 3 章 意味の拡張」「第 4 章 多義性」［C］//松本曜編．『認知意味論』．東京：大修館書店，2003.

［167］森田良行．日本語の類意表現［M］．東京：創拓社，1988.

［168］森田良行．日本語の視点―ことばを創る日本人の発想―［M］．東京：創拓社，1995.

［169］森田良行．日本人の発想、日本語の表現［M］．東京：中央公論社，1998.

［170］森田良行．外国人の誤用から分かる日本語の問題［M］．東京：明治書院，2005.

［171］守屋三千代．日本語の授受動詞と受益性―対照的観点から―［J］．日本語日本文学 12．創価大学日本語日本文学会，2002.

［172］守屋三千代．広告における受益可能表現：＜事態把握＞

の観点より［J］．日本語日本文学（21）．創価大学日本語日本文学会，2011.

［173］森山新．格助詞ニの意味構造についての認知言語学的考察［J］．日本認知言語学会論文集 5，2005.

［174］森山新．認知言語学から見た日本語格助詞の意味構造と習得—日本語教育に生かすために—［M］．東京：ひつじ書房，2008.

［175］森山卓郎．日本語動詞述語文の研究［M］．東京：明治書院，1988.

［176］山岡政紀．授受構文における視点と人称［C］//森野宗明教授退官記念論集言語・文学・国語教育．東京：三省堂，1994.

［177］山田敏弘．日本語におけるベネファクティブの記述的研究第 1 回 ~ 第 2 回［J］．日本語学第十九巻 11 月号 ~ 12 月号，2000a ~ 2000b.

［178］山田敏弘．日本語におけるベネファクティブの記述的研究第 3 回 ~ 第 13 回［J］．日本語学第二十巻 1 月号 ~ 10 月号、12 月号，2001a ~ 2001i.

［179］山田敏弘．日本語におけるベネファクティブの記述的研究第 14 回［J］．日本語学第二十一巻 1 月号，2002.

［180］山田敏弘．日本語のベネファクティブ—てやる・てくれる・てもらう—の文法［M］．東京：明治書院，2004.

［181］山梨正明．認知文法論［M］．東京：ひつじ書房，1995.

［182］山梨正明．認知言語学原理［M］．東京：くろしお出版，2000.

［183］山梨正明．認知構文論—文法のゲシュタルト性［M］．東京：大修館書店，2009.

[184] 山橋幸子.「てくれる」の意味機能—「てあげる」との対比において—[J]. 日本語教育103, 1999.

[185] 由井紀久子. 受給動詞の運用—オマエニクレテヤル・(サ) セテモラウについて—[J]. 日本学報9. 大阪大学文学部日本学科, 1990.

[186] 由井紀久子. 動詞ヤル・クレルにおける意味の抽象過程[J]. 日本語教育88, 1996.

[187] 由井紀久子. 日本語動詞における意味の抽象化過程の研究: 補助動詞用法を持つ動詞の意味分析[J]. 大阪大学文学部紀要第37巻, 1997.

[188] 杨柳. 日本語授受動詞構文への認知言語学的研究—中国語の「給」構文との対照を視野にいれて—[D]. 广东外语外贸大学, 2010(未発表).

[189] 杨玲. 日本語授受動詞の構文と意味—日语授受动词句结构意义研究[M]. 北京: 中国传媒大学出版社, 2008.

[190] 吉村公宏. 初めての認知言語学[M]. 東京: 研究社, 2004.

[191] 米澤昌子. 受給動詞の用法の一考察: シナリオにおける用例の分析[J]. 同志社大学日本語・日本文化研究(10), 2012.

[192] 李仙花.「てくれる」文と「てもらう」文について—成立条件と<恩恵性>を中心に—[J]. 文化第67巻第1号. 東北大学文学会, 2003.

[193] 渡辺裕司. 授受表現における授受の方向性[J]. 日本語学校論集18, 1991.

[194] 渡辺裕司. 授受表現における授受の方向性Ⅱ[J]. 東京外国語大学留学生日本語教育センター論集19, 1993.

英文文献：

[195] Adele E. Goldberg. *Constructions: A new theoretical approach to language* [C] //刘正光主编．构式语法研究．上海：上海外语教育出版社，2011.

[196] Lakoff, George. *Women, Fire, and Dangerous Things: What Categories Reveal About the Mind* [M]. Chicago: University of Chicago Press, 1987.

[197] Lakoff, George. 乔治·莱考夫认知语言学十讲 [M]. 北京：外语教学与研究出版社，2007.

[198] Langacker, Ronald W. *Foundations of Cognitive Grammar, Volume II: Descriptive Application* [M]. Stanford: Stanford University Press, 1991；北京：北京大学出版社，2004.

[199] Langacker, Ronald W. 高远、李福印主编．罗纳德·兰艾克认知语法十讲 [M]. 北京：外语教学与研究出版社，2007.

[200] Masuoka Takashi. *Semantics of the Benefactive Constructions in Japanese* [J]. Descriptive and Applied Linguistics Vol. XIV. ICU, 1981.

后　记

在键盘上敲完论文的最后一个字，我却没有任何如释重负的感觉，相反倒是万般滋味涌上心头。在这个漫长而充满艰辛的撰写过程中，我深切感觉到信念的重要，若是没有一种信念或精神支撑着，恐怕我早已放弃。但我知道就此认输，那便等同于让我舍弃自己的信仰。因为，攻下这道难关，可以让我活得更自信，我的人生也因此变得更精彩、更有滋味。当然，我知道，撰写论文是一件苦差事，它需要一份“为伊消得人憔悴，衣带渐宽终不悔”的执着和坚韧，也需要忍受抵御来自夜阑更深时的困倦和懈怠。拙稿从开始构思、搜集材料到起草修改，其中甘苦，局中人自不待言。但无论如何，博士论文的写作过程都是一次历练，思考的痛与快乐都值得珍惜，也必将成为我生命中独特的一段生命体验，一笔人生财富。

回顾过往，有欢乐，也有泪水；有成功，也有失败。但是这一路走来，留下更多的是感恩。在撰写论文过程期间，我得到了诸多老师的精心指导和朋友们的无私帮助，在此谨向所有关心和帮助过我的人表示诚挚的感谢。首先我要感谢我的导师姚灯镇教授。姚教授为指导我的博士论文付出了巨大的心力，特别是在百忙之余核阅论文初稿，事无巨细，大到论文的框架设计与结构安排，小到引文注释、中文摘要和标点符号，均作了细致认真的批阅。姚教授严谨的治学态度、对学术问题深邃的洞察力和判断力让我钦佩不已，其身上令人敬仰的治学态度与学者风骨也成为我今后人生道路的坐标。

其次，我要感谢许宗华教授。许教授开设的课程让我开阔了眼界，获益良多。撰写论文过程中，许教授不仅给我提供了很多有价值的资料，还对论文结构、写作规范给予了精心的指导。还要感谢王铁桥教授、孙成岗教授、肖传国教授、李先瑞教授、马兰英教授、吴宏教授、白晓光老师、徐莲老师在论文开题和预答辩过程中，对研究角度和章节构成以及论文修改提出了有益的建议，使论文的撰写和修改能够顺利进行。

我还要感谢我的同事、朋友和外教对我的帮助。感谢何建军老师在共同经历撰写论文的艰辛期间给予了我诚挚的鼓励与无私的帮助；感谢魏丽华老师在紧张地撰写博士论文的同时还帮我分担了许多教学任务；感谢张兴老师在论文的撰写过程中提供了很多的宝贵意见。感谢王超伟老师、费建华老师、杨久成老师、史军老师、姚伟丽老师、李倩老师、姚希老师给予我的帮助。

感谢我的朋友李洪波老师、周燕老师、陈春华老师、胡亚敏老师、李景泉老师给予我的支持和鼓励。

感谢日语外教堀内正范、盐泽裕仁、马场里惠子、河野保博，他们在论文准备期间和最后的研究阶段都给予了很多的帮助。

感谢北京日本学研究中心提供的学习机会以及为搜集资料提供的便利条件。

最后，我要感谢我的家人在过去几年中对我的理解、支持和鼓励。这几年他们为我付出了很多。感谢我的父母、爱人与女儿。感谢父母，工作和学业的压力挤占了给他们尽孝的时间，但他们总是毫无怨言、始终默默地支持我。感谢我的爱人。他与我是博士生同学，与我共同体会了求学的不易与撰写论文的压力，在繁忙的工作之余，还要挤出时间分担家务，保证我的写作时间，在我写作遇到困难的时候，经常耐心地给予我安慰和鼓励。感谢我的女儿，为了让我安心撰写论文，她不得不牺牲了许多与我相处的时间，我能够最终完成论文离不开他们的陪伴与鼓励。

攻读博士学位期间发表的论文

[1] 中日韓国語における空間関係づけのメタファーの比較．第四届中日韩文化教育研究国际研讨会论文汇编．大连：大连理工大学出版社，2007.

[2]「左」「右」の意味拡張をめぐる中日の対照研究．日本学研究 2007年上海外国语大学日本学国际研讨会论文集．上海：上海外语教育出版社，2007.

[3] 翻译策略的论争与汉日翻译．日本学研究—东亚国际研讨会论文集．香港：香港教育出版社，2007.

[4] 论词语的认知理解与翻译策略的选择—以与服装有关的惯用语、谚语为例．日语学习与研究，2008（增刊）.

[5] 二语习得研究与初级阶段日语教学．外语教学，2008（专刊）.

[6]「~テクレル」と中国語の“给（我）”の対照研究．國學院雜誌，2009（110－7）.

[7] 日语授受表达习得研究综述．外语教学，2010（专刊）.

[8] SPOT测试法与日语习得研究．日本学研究第5辑．香港：香港教育出版社，2010.

[9] 中国学習者授受補助動詞の習得についての考察．日语教育与日本学研究．上海：华东理工大学出版社，2010.